李亚梅 著

基于用户认知的可视化学科服务研究

郑州大学出版社

图书在版编目(CIP)数据

基于用户认知的可视化学科服务研究 / 李亚梅著. — 郑州：
郑州大学出版社, 2022.5

ISBN 978-7-5645-8508-2

Ⅰ.①基… Ⅱ.①李… Ⅲ.①院校图书馆 – 图书馆工作
Ⅳ.①G258.6

中国版本图书馆 CIP 数据核字(2021)第 280743 号

基于用户认知的可视化学科服务研究
JIYU YONGHU RENZHI DE KESHIHUA XUEKE FUWU YANJIU

策划编辑	李勇军	封面设计	孙文恒
责任编辑	刘晓晓	版式设计	凌　青
责任校对	王晓鸽	责任监制	凌　青　李瑞卿

出版发行	郑州大学出版社	地　　址	郑州市大学路40号(450052)
出 版 人	孙保营	网　　址	http://www.zzup.cn
经　　销	全国新华书店	发行电话	0371-66966070
印　　刷	河南新华印刷集团有限公司		
开　　本	710 mm×1 010 mm　1 / 16		
印　　张	13.5	字　　数	205 千字
版　　次	2022 年 5 月第 1 版	印　　次	2022 年 5 月第 1 次印刷

| 书　　号 | ISBN 978-7-5645-8508-2 | 定　　价 | 48.00 元 |

本书如有印装质量问题,请与本社联系调换。

前　言

　　在科学技术高速发展的信息时代,面对着以分散的传播媒介、多通道的获取途径、丰富多样的利用方式呈现的庞杂的信息资源,信息用户关注的是如何高效地从海量信息中获取所需资源,信息服务者关注的是如何改善用户体验,方便快捷地为用户提供所需要的资源,二者的目标相同。在这个共同的目标中,关键问题在于获取或提供的信息是否能为用户所需。

　　作为一名在高校图书馆工作了二十多年的信息服务工作者,笔者亲身经历了高校图书馆从传统信息服务向网络信息服务演进的发展过程。在 20 世纪 90 年代,图书馆的流通服务主要还是人工借阅,随着图书馆信息化建设和馆藏资源共建共享工作的开展,图书馆开始安装各种现代化设备和计算机信息管理软件,逐步构建自助流通服务体系,实现了流通服务自动化和检索系统网络化,借书卡片和书库外一排排的目录柜已经成为传统服务的特征性历史画面。

　　作为受过专业训练的信息服务工作者,笔者对为了掌握世界联机检索系统DIALOG(对话)用法而参加的集中培训,并且需要记忆大量检索命令的经历记忆犹新。检索工具的专业性操作限制了用户对信息资源的利用。但是随着网络信息资源的丰富、自然语言的使用、检索系统的网络化以及多媒体数据库检索技术的更新迭代,信息的获取渠道和获取方式趋于多样化和便捷化,用户不通过信息服务机构即可获得最基本的信息资源。

　　尤其在高等院校,高校图书馆作为高级学府信息交流和知识传播的文化和研究基地,一直在为学校的教学科研、学科资源建设以及学校核心竞争力的提高提供可靠的信息和资源保障,肩负着专业化、多样化、全方位信息服务的重任。通过图书馆对馆藏资源利用、数据资源讲座和培训等服务的开展和推广宣传,以师生员工群体为主体的信息用户的自我服务能力在不断提高,以参考咨询工作为中心的传统信息服务模式已经不能满足用户的需要,学科服务作为一种更高层次的服务模式应运而生。

学科服务也称学科化服务,是一切围绕学科建设和学科发展而进行的信息行为。具体到实施就是要求学科馆员深入用户的科研或教学活动中,以满足用户的个性化需求为目标开展信息服务。

笔者一直认为,学科服务不能只侧重强调"学科"二字,还要关注进行学科研究的科研人员,因为用户是学科服务的主要对象,了解用户需求是做好学科服务的基础。不同学科用户的信息需求与学科特点有必然联系,对信息资源的理解和关注角度不同,同时由于用户存在学术背景、学术层次和科研思维等方面的差异,使得同类学科用户的信息需求也各有特色。

在信息获取过程中,用户对信息的理解、接受和融合与自身的信息素养和科研感知有很大关系。用户首先接受的是与其原有知识结构相匹配的信息,对信息进行加工,并使之与原有知识结构发生对接;当外来新信息与原有知识结构中的观念体系不一致时,外来信息就可能影响用户知识结构的重组。所以同样的信息资源给予不同用户会产生不同的效果。

一般情况下,学科服务依托于用户的信息需求和信息选择,服务效果与学科馆员的工作能力、业务素质等多种因素相关,但也受用户信息利用行为的特质、用户知识水平、认知能力等方面的影响。学科服务的效果就与用户认知这个因素产生了密切联系。

在学科服务过程中,经常会遇到一些服务结果无法令用户满意的情况,在从馆藏资源是否充足、信息行为(包括检索工具选择、检索策略制定等)是否准确,学科馆员经验是否丰富,能力是否有待提高等方面寻找原因之外,还要考虑用户自身的学科背景、学术经历、认知结构等因素,从用户认知角度出发,了解和挖掘符合用户研究特点的深层个性需求,并采取多样化服务方式,让用户体验到服务的便捷和高效,以提高用户对学科服务的满意度。

基于上述理念,本书结合信息可视化技术在信息数据的直观、图像化显示对用户认知的影响,综合考虑用户认知结构和认知能力、学科馆员在科研过程中的嵌入行为、信息资源与信息技术等多种影响学科服务质量的因素,构建多层次、多维度的学科服务体系,开展学科服务个性化和品牌化的有益尝试和创新。

笔者从事了多年的学科服务工作,秉承用户为本的态度,工作积极投入,积累了丰富的经验,也经常收到师生的良好反馈。只是,随着用户信息需求不断推陈出新,笔者觉得只有态度和经验是远远不够的。用户至上的思想仍然是学科服务的根本,只是重点应该放在用户的认知心理和认知结构上,去挖掘用户的潜在需求和科研潜力,从而提升学科服务的层次和质量。这应该是学科馆员和科研工作者共同的目标和愿望!

李亚梅

2021 年 12 月

目　录

第一章
用户认知学科服务的理论基础

第一节　认知心理学理论

一、认知革命的理解

认知是个体认识客观世界、获得知识、应用知识的信息加工过程,包括五感信息获取、知觉形成、理解判断、记忆想象、思维拓展等活动之间关系的组成或功能系统的形成。人类就是在不断认知世界和认知自己的过程中进步的。

不同于其他动物的直立行走方式和生理构造,人类在接触自然、了解世界的活动中,具有独特的视角和认知。"大约就是在距今 7 万年到 3 万年前,出现了新的思维和沟通方式,这也正是所谓的认知革命。"①普遍认为是无从得知的原因改变了智人的大脑内部连接方式,导致了智人产生与动物有所区别的认知能力,从而正式启动了历史意义上的认知革命。

人类的脑容量远远大于其他动物,消耗的能量也比其他动物多得多,但高智能带来的比以往获得更多食物的好处,使得人类越来越看重和依赖大脑这个宏大繁杂的思考器官。随着人类神经网络的不断增长,人类能够完成越来越多的精细动作,大脑新思维的发展促使生存方式的演化,更加刺激了大脑的发育

---

① 赫拉利.人类简史:从动物到上帝[M].林俊宏,译.北京:中信出版社,2017:20.

和发展。

虽然进化过程同时伴随着身体、骨骼、肌肉等力量器官的弱化,但能够制造工具、利用工具是人类得天独厚的优势;虽然个体能力不突出,但是人类学会了沟通合作,组成了群体,形成了社会,集中了智慧。发达的大脑、丰富的神经网络、庞大的社会结构、突出的社交沟通、超凡的学习能力促进了人类的演化,辅助人类走到食物链的顶端。

人类首次认知革命带来的认知新能力能够传达更多更深层次的环境信息、群体信息和虚拟概念信息,促进了人类许多行为模式的产生以及团体合作凝聚力的发展。这不仅帮助人类从动物界突围,还形成了不同的语言、宗教、信仰、社会分层以及历史文化等革命成果,改变自我,进而征服世界。

人类在历经科学革命之后,对认知革命有了进一步的认识。思维和语言是人类意识的集中体现,认知革命可以说是用新的方式来思考,用新的语言来沟通,体现在突出的社交技巧和强烈的自我认知方面。尤其是人类对自身的认识和认知,包括认知活动的过程结果、认知体验和情感体验,以及自我认知的调整等,使人类有更强的可塑性,推动了社会交流和社会化方式的改变。

(一)计算机的发明开发了人类思维的潜能

20 世纪 50 年代,认知科学领域发生了一场智力运动,也可称为科学的认知革命。它产生于多学科交叉研究的背景下,是随着心理学、人类学和语言学对自己的重新界定以及计算机科学和神经科学的介入而发展起来的。"计算机科学与认知的交汇所形成的人工智能学科是认知科学学科群中的一门具有特殊重要性的学科。"①人工智能和计算机科学的发展使研究人类思维进程变得可行。

人们创造了一种电子大脑(简称电脑)和电脑的神经网络——人机交互语言,用 0、1 来表示两种极性,进位规则是"逢二进一",借位规则是"借一当二",赋予了计算机二进制系统语言,用于储存传输信息和计算,称为机器语言,也是

---

① 李其维."认知革命"与"第二代认知科学"刍议[J].心理学报,2008,40(12):1309.

第一代计算机语言。1941 年，德国的朱赛（Konrad Zuse）采用电气元件制成全自动继电器计算机 Z-3，通过机械式继电器通断来表示 0 和 1。这种具备浮点记数、二进制运算、数字存储地址的指令形式等现代计算机特征的计算器，被称为最原始的电脑。计算机及计算机语言的出现，使得语言不仅仅是人与人之间的沟通工具，也具备了人与机器的交流功能。这带来了人类新思维划时代的变革，是激发人类认知革命的内推力。

在美国，1940—1947 年期间也相继制成了继电器计算机 MARK-1、MARK-2、Model-1、Model-5 等。但是继电器的开关速度大约为百分之一秒，使计算机的运算速度受到很大限制。目前普遍公认的第一台计算机诞生于 1946 年 2 月 14 日。当时正值第二次世界大战期间，针对大量军用数据难以计算的问题，美国宾夕法尼亚大学莫奇利（John Mauchly）和埃克特（John Eckert）领导的研究小组，研制出了世界上第一台电子数字积分计算机 ENIAC（The Electronic Numerical Integrator And Calculator，埃尼埃克），主要的任务是分析炮弹轨道。这台体积庞大、耗电量巨大的电子管计算机，运算速度比机械式的继电器计算机快 1000 倍。

第一台计算机诞生至今已过去 70 多年了，在这期间，计算机更新换代和发展的速度惊人。1947—1950 年，锗晶体管［美国贝尔实验室的肖克利（William B. Shockley）、巴丁（John Bardeen）和布拉顿（Walter H. Brattain）的研究小组研制］和双极晶体管［威廉·邵克雷（William Shockley）研制］相继问世，晶体管取代了体积庞大的电子管。1954 年，美国贝尔实验室成功研制第一台使用晶体管线路的计算机，取名"催迪克"（TRADIC）；1949 年，美籍华人王安博士发明了"脉冲传输控制装置"，即磁芯存储器。一般将 1959 年到 1964 年间设计的计算机称为第二代计算机，因大量采用了晶体管和磁芯存储器，比第一代使用电子管为器件的计算机体积和重量都缩小了许多，计算机的运算速度和存储容量也明显增加。

之后，计算机的小型化、轻便化便是研究者们追求的目标。1958 年，美国得州仪器公司的工程师杰克·基尔比（Jack Kilby）将电子器件集成在一块半导体锗片上,集成电路由此诞生。同一时期,罗伯特·诺伊斯(Robert Noyce)也造出了用半导体硅制成的集成电路。集成电路的发明,实现了对大型计算机第一次进行"缩小化"的技术支持,在第三代计算机上广泛应用。20 世纪 70 年代以后,集成电路技术迅猛发展。1971 年,Intel(英特尔)公司推出 1 kb 动态随机存储器(DRAM),标志着大规模集成电路出现,之后更是研制出了超大、特大、巨大规模集成电路,电路集成度越来越高。计算机也由小型机向微型机发展,称为第四代计算机,进入毫微秒操作速度及 10 亿位存储容量、硬设备和软设备融合的时代。

20 世纪 80 年代,为了适应未来社会信息化、网络化、数据化、智慧学习的需求,第五代计算机——智能计算机的研制就已提上日程。人们将赋予第五代计算机学习的智能,如从大量信息中抽取关联信息的联想功能、利用已知信息推理出相关结论的逻辑功能、针对新问题能够灵活运用信息重构信息的推演功能等。如果这种智能计算机系统具有人类头脑的最普通的学习思维活动,那么计算机将不再是一种计算的工具,而是人类的"体外大脑",可能开发出大脑未被认知的领域和能力。

进入 21 世纪以来,科学创新不断涌现,机电技术迭代迅速,网络应用大规模发展,第六代计算机——生物计算机的研究,在芯片材料的使用和计算机系统结构上都有所突破。人们用许多微处理机模仿人脑的神经元结构,其中还有类似神经的节点,每个节点与许多点相连,信息存储在神经元之间的联络网中,这种大量并行分布式的网络即使节点断裂,电脑亦有联想记忆、重建资料的能力,可以称之为神经电脑或神经电子计算机。具有学习功能的大规模集成电路和具有经验功能、识别功能的神经网络声音、图像识别系统的研发,迈出了人类赋予机器生命的步伐。

计算机的发明替代了人类大量的计算工作,在机器上衍生了人类大脑的潜能,开发了人类思维的另一片天空。

(二)人机对话开拓了语言沟通交流的功能

常言道,人有人言,兽有兽语。语言是思维的载体和工具,思维是语言表达的内容,二者形影相随,不可分离,生命体之间通过语言这个媒介进行信息的交流和反馈。从实质上定义,语言是同类生物之间由于沟通需要而制定的一套具有统一编码解码标准的声音(文字、图像)指令。不论人类沟通所使用的自然语言,还是动物间沟通所使用的"动物语言",都是遵循共同处理规则来进行表达的沟通指令。语言交流是明确传达复杂信息的快速便捷的方式之一。

一般来说,语言交流的目的是传递信息、表达思想、交流观念。即使所属语系语种不同,地域方言不同,声音的音色音调不同,语言具备的通讯信号传输的功能亦架起了同一物种之间沟通的桥梁。一直以来,语言的信息流都是双向的,直到计算机的出现。

计算机是由硬件和软件组成的机器设备,硬件的发展使软件的实现成为可能,软件的发展使计算机的功能不断优化。计算机要为人所用,要执行人类的要求和命令,就要有和人类能够进行沟通的语言,可以称之为机器语言、人工语言或计算机语言。

计算机语言是人类根据需要给电脑创造的人为指令。计算机语言的出现建立了人机对话的通路,颠覆了人们普遍理解和接受的同种生命交流层面存在的声像沟通认知,拓宽了人类思维表达和信息交流活动的路径。

计算机语言的基础是二进制,用代表联通和断开的"0"和"1"组成的二进制数组成指令序列,交由计算机执行。这是第一代计算机语言,被称为机器语言,在编写命令程序时非常烦琐,很快就无法满足人们的要求了。为了提高效率,人们用一些简洁的英文字母、符号串来替代一个特定指令的二进制串,这种得到改进的程序设计语言被称为汇编语言,是第二代计算机语言。机器语言和汇编语言十分依赖机器硬件,在程序移植和通用性方面受到限制。

20世纪50年代,美国计算机科学家约翰·巴克斯(John Warner Backus)开发出了第一个完全脱离机器硬件的高级语言FORTRAN(Formula Translation,各取前几个字母组合而成)。这是一种接近人类语言的编程语言,1957年开始正式使用,目的是解决科学或生活中遇到的能够用数学公式表达的问题,因此数值计算的功能较强,其几经发展、数次改良和修正,即使是现在,仍是数值计算领域所使用的主要语言。如同硬件发展到集成电路一样,软件的集成化也是软件设计思想的发展方向,20世纪六七十年代,第一个结构化程序设计语言 Pascal 语言(Philips Automatic Sequence Calculator Language)出现,标志着结构化程序设计时期的开始。之后高级语言纷纷出现,一些通用的程序被设计出来,成为大型程序的编制功能模块(软件集成块),通过组合应用完成具体的功能。高级语言的程序设计由流水线似的面向过程转为面向对象、面向应用进行程序设计。

计算机语言从机器语言到高级语言的发展如同人类学习说话的过程,从一个一个简单的单字发音到词语词组的学习,再到句子的表达和一段话的应用。

随着元器件材料和软件的发展,计算机从人类的工具发展成为人类社会生活不可或缺的一部分。计算机发展的历史是人类思维无限拓展和人机努力沟通的历史。(见图1-1)

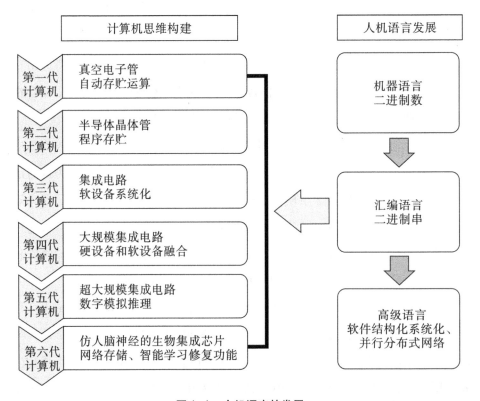

图1-1 人机语言的发展

人类发展史上,人进化成用两条腿直立行走,解放了双手,使其可以做其他用途。通过使用,人手神经发展,手掌和手指越来越灵活,能做更加精细的动作,生产更加复杂的工具,反过来又不断提升了人对自然界的认知,最终在地球演化史中超越了其他生物;计算机的发明,将人的大脑从繁杂重复的计算工作中解放出来。人们对计算机功能的开发也是人类思维更新迭代的体现,加速了人类对世界认知的进程。

(三)人机互动中人类认知的再认识

第二次世界大战期间,操作机械化装备的需要是激发认知革命的主要外部原因。战争之前,飞机、坦克、潜艇、航空母舰等的制造技术和电子通信技术已悄然出现,这两种技术迅猛发展并得以在战场上实现应用,决定了第二次世界大战机械化作战的战争形态。"在战争期间,参战国必须高效率地训练军事人员操作复杂的设备,其结果是发展出人因工程学,其目的是根据人类认知和操作的特点来设计仪器设备中合理、高效的人机界面。"①人因工程(Human Factors Engineering)是指以人为核心因素,将生理学、人体测量学、心理学、管理学、工程学、系统科学等多种交叉学科知识运用于工程技术设计和作业管理中,研究人、机、环境系统三大要素之间的最优组合,特别注重流程合理、安全设计和安全管理。尤其是计算机的发明,人们需要计算机帮助人们做更多的工作,使得人机互动行为越来越受到重视。

人类对机器的操作,不仅要研究人体特性,如人的感知特性、信息加工能力,以及如何使人—机—环境系统的设计符合人的身体结构和生理心理特点,还要尽可能考虑人—机—环境系统总体性能的优化,人机系统总体设计、人机界面设计,以实现人、机、环境之间的最佳匹配,同时顾及工作场所设计、工作环境改善、作业方法提升、系统安全及效率的提高等因素。

人因工程是涉及多种学科的交叉学科,在各个领域的名称也没有统一。有

---

① 邵志芳,刘铎.认知心理学[M].北京:开明出版社,2012:6.

学者从强调工作优化的角度将其称为人类工效学(Ergonomics),此词源于希腊语的工作(ergon)和自然法则(nomos),即工作和产品的设计应该符合人的能力与习惯。1961 年,在瑞典的斯德哥尔摩成立了国际工效学联合会(IEA,International Ergonomics Association)。这个名称在我国也得到认可,1989 年,由多个单位发起,经国家教委和国家科委批准成立的我国国家一级学会的正式名称就是"中国人类工效学学会"。有学者认为在工程技术设计和作业管理中考虑人的因素是其主要特点,所以将其称为人因工程学,以突出人的因素在工程上的应用,这种说法容易被理解和接受,在美国和一些欧洲国家用得最多。另外,人机工程学(Man-Machine Engineering)或人机学、人—机器—环境系统工程学(Man-Machine-Environment Systems Engineering),以及工程心理学(Engineering Psychology)等名称在工程技术领域、航空航天领域、军标中也有使用。

在对机器的使用中,经历了人适应机、机适应人、人机相互适应几个阶段,现在又深入到人、机、环境三者协调的人—机—环境系统。第二次世界大战以前,基本上从人适应机出发,通过培训和训练,使得人能正常操作机器设备。第二次世界大战期间,各种复杂的机械设计与应用,使得研究人员必须将操作人员的生理和心理因素考虑到设计方案中去,做到机器与人的能力限度和特性相符合,机适应人以及人机相互适应才能发挥机械利用效率的最大化。第二次世界大战后,全世界工业化大发展,人因工程学在各国工业生产中得到广泛应用和发展,学者们注意到了人的生理结构、心理情绪等因素对人类认知的影响。

"认知科学"(Cognitive Science)的概念于 1973 年由朗盖特·希金斯(C. Longuet-Higging)开始使用,之后被大众接受并流行使用。人们认为"心智独立于身体"但又支配身体,认知是脑和神经系统产生心智的过程和活动,认知科学以研究人脑或心智工作机制为起始观点。

　　1978 年 10 月 1 日,"认知科学现状委员会"递交斯隆基金会的报告①,把认知科学定义为"关于智能实体与它们的环境相互作用的原理的研究"。认知科学涉及心理和脑智,揭示情绪、注意、学习、记忆、思维、推理和认知过程中产生的诸多行为是如何相互影响的,以及信息是如何传递的。随着心理学、计算机科学技术、脑与神经科学的发展,认知科学发展成揭示人类信息加工认知活动规律的,集哲学、心理学、语言学、人类学、计算机科学和神经科学等多学科研究门类的综合学科。

　　人类力求探究大脑何处(where)、何时(when)、为何(why)、如何(how)产生何为(what),破解人类心智和脑智的奥秘,努力创造具有人类大脑功能的智能系统,模拟人工智能,制造仿生人,用信息技术来为人类工作。人工智能可以对人的意识、思维的信息过程进行模拟,将人类的认知推向更高层次。通过提升认知,改变人类的生存方式,甚至改变我们的物种,跟随世界演化的步伐,提高对世界的掌控力。

二、认知心理学的产生

　　认知心理学(Cognitive Psychology)是伴随着计算机科学发展的,20 世纪 50 年代中期在西方萌发、兴起的一种心理学思潮,探究人类行为在信息输入和输出之间发生的内部心理过程。主要理论是信息加工理论,偏重研究人的高级心理认知过程,如注意、知觉、表象、记忆、思维和语言等。

　　人类对认知心理学的理解和研究的内在促因是对当时研究人类行为和语言方式中占主导地位的行为主义(Behaviorism)的挑战。美国心理学家约翰·华生(John B. Waston)于 1913 年发表论文《行为主义者心目中的心理学》,在巴甫洛夫条件反射学说的基础上提出行为主义心理学理论。他以反射为基础来研究复杂行为,主张心理学应该摒弃意识、意象等太多主观的东西,只研究所观

---

　　①　席勒尔.为认知科学撰写历史[J].仕琦,译.国际社会科学杂志(中文版),1989,6(1):7.

察到的并能客观地加以测量的刺激和反应。另一位美国心理学家伯尔赫斯·弗雷德里克·斯金纳(Burrhus Frederic Skinner)把人类行为分成两种:一种是由已知刺激引起的应答性行为;另一种是与已知刺激无关的有机体自身发出的操作性行为。与此对应的有应答性反射,称为 S 刺激(Stimulation)型,以及操作性反射,称为 R 反应(Reaction)型。

一直以来,行为主义只简单地注重研究外部反应和外部行为结果,只注重描述行为,不关注行为的内在机制,他们把"S-R"(刺激—反应)作为解释人的一切行为的公式,但是却不能解释反应为何发生。用简单方法研究复杂行为是合理的,但不是唯一的方法。认知心理学是以远比简单条件反射复杂得多的方法去研究人类行为的。

20 世纪 50 年代末期,随着人类神经学、解剖学、视知觉研究的发展,对学习过程和行为塑造过程的内部心理机制从认知角度进行解释的条件也日趋成熟,认知心理学应运而生,并且多学科整合的大环境也酝酿了认知心理学发展的土壤。

1956 年,乔治·米勒(George A. Miller)发表研究报告《神奇的数字 7±2:我们信息加工能力的局限》,确定了短时记忆的性质及其重要性,从信息加工理论研究短时记忆认知的意义。唐纳德·布罗德本特(Donald E. Broadbent)于 1958 年出版的《知觉与传播》一书为认知心理学取向奠定了重要基础。1959 年,艾弗拉姆·诺姆·乔姆斯基(Avram Noam Chomsky)出版了对斯金纳的《口头行为》一书的长篇评论,发动了心理学的认知革命,开拓了以认知研究为主的道路。

让·皮亚杰(Jean Piaget)是心理学的领军人物,他在 20 世纪 50 年代末至 60 年代初提出了儿童认知发展的理论,力求从认知的角度探讨人的知识是如何形成和增长的。他坚持从内因和外因相互作用的观点来研究儿童的认知发展。他认为,儿童是在与周围环境相互作用的过程中,逐步建构起关于外部世界的知识,从而使自身认知结构得到发展的。

1960 年,乔治·米勒和心理学家杰罗姆·布鲁纳(Jerome Seymour Bruner)

一起创立了哈佛大学认知研究中心。同年他出版了与加兰特(Eugene Galanter)、普里布拉姆(Karl H. Pribram)合著的《计划与行为结构》(*Plans and the Structure of Behaviour*)。书中认为人在处理信息时,其行为是有结构的,是按计划进行的,为以信息加工理论研究记忆开创了道路。

1967年,乌尔里克·奈瑟尔(Ulric Neisser)出版《认知心理学》(*Congnitve Psychology*)一书,明确了现代认知心理学的概念,将心理学和计算机的关系融合。"在强调人性的前提下,运用计算机的信息加工观点来说明人的认知过程:知觉和模式识别是输入,回忆是输出,二者之间是某种心理加工。"[1]

虽然当时认知、认知学习及认知主义等名词也已产生,但是以零散的认知研究而存在。奈瑟尔将其整合成一个完整的学科框架,并对认知心理学这一名词进行了系统定义:认知心理学是对感官接受信息后,经过转换、简化及加工等心理操作,从而获取知识、储存知识及运用知识等内在过程的科学研究。这个定义一直为现代认知心理学家所广泛认同和采用。

伯纳德·J.巴尔斯(Bernard J. Baars)对《认知心理学》一书给予很高的评价,认为它给一场已经蔓延开来,但直到那时还仅仅被模糊地感知到的运动命了名,并使之明朗化。《认知心理学》是一部专门系统研究认知活动的著作,被誉为认知心理学界"圣经",标志着认知心理学成为一个独立的流派的开端。

三、认知心理学的派别发展

认知心理学是以认知为研究对象的一门科学,旨在研究记忆、注意、感知、知识表征、推理、创造力等问题解决的运作。尤其是智能计算机、神经网络计算机要实现对人类大脑智能的模拟和开发,更需要认知科学以及认知心理学的研究成果。

认知心理学的主要目的和兴趣在于解释人类的复杂行为。概念的形成、问

---

[1] 王申连,郭本禹.认知心理学的伟大开拓者:乌尔里克·奈塞尔[J].自然辩证法通讯,2013,35(2):106.

题的解决以及语言等都是人类的复杂行为。人类在对这些复杂行为的研究和解释中进行了多种方式方法的探索,大致历经了符号主义、联结主义、具身主义等理论的源起、实践、应用、聚合及发展。

(一)符号主义

符号主义心理学(Symbolicism Psychology),又称为逻辑主义、信息加工主义。"符号学派的核心理念就是,所有和智力相关的工作都可以归结为对符号的操纵。"①可以把符号主义的思想简单归结为"认知即计算",探讨脱离身体的计算机代替人脑运算的功能。认知科学以可计算的信号为依托,以形式化的方式研究人脑对接收到信息进行的处理和操作为起始观点。

符号主义的实现基础是纽厄尔(Allen Newell)和西蒙(Herbert Alexander Simon)提出的物理符号系统假设。该学派认为:人类认知和思维的基本单元是符号,而认知过程就是在符号表示上的一种运算。

计算机模拟人的智能行为,即用计算机的符号操作来模拟人的认知过程。这种方法的实质就是将信息转化成符号,输入能处理符号的计算机中,输出加工过的信号,模拟人类获取信息、处理信息的过程,研究人类认知系统的功能机理。

《认知心理学》出版之后,各大学心理学系纷纷创建认知实验室、召开认知研讨会、发表和出版认知研究的相关论著,掀起了认知心理学的研究热潮。

20 世纪 60 年代初,以信息处理论为基础的认知心理学已经萌芽。代表人物有乔治·米勒,其在 1960 年出版的《计划与行为结构》一书,用"TOTE"四个字母来表示人在处理信息和吸收知识时的行为是有计划和结构的,即测试—操作—测试—停止(Test-Operate-Test-Exit)。

20 世纪 70 年代前后,信息加工观的认知理论得到认可,其中西蒙和纽厄尔在研究自然语言理解的过程中,完善了语义网络的概念和方法,发明了信息处

---

① 多明戈斯.终及算法:机器学习和人工智能如何重塑世界[M].黄芳萍,译.北京:中信出版社,2017:113.

理语言,并且认可人们处理信息的方式分为平时加工和系列加工。"人的感觉输入和运动支配有许多成分是平行加工的,但在大脑皮层水平的记忆、思维、注意等过程则多是系列加工的。"①从信息加工观点研究人的心理过程取向,推动了认知科学和人工智能的发展。

同时,人类认识结构和知识形成机制的研究提上日程,其中皮亚杰于1967年和1970年分别推出著作《生物学与认知》和《发生认识论原理》,主要研究作为知识形成基础的心理结构(即认识结构)和探讨知识发展过程中新知识形成的机制。

上述研究都偏重体现心理学的信息加工观点,研究重点在于脑智,大脑如何接收、获得、持有、利用信息等认知行为,并以此作为知识学习和积累的基础。很少关注外部信息输入对人类意识体验的形成,以及人类意识精神状态、意识特性对人类认知的影响等心智方面的问题。

(二)联结主义

人类认知心理学融合多学科,从多途径多层次同时展开研究,其中围绕复杂行为、信息加工过程的研究成果颇多,而从神经结构方面研究心理学虽然开展较晚,但是研究氛围活跃,进展较快。

从人类生理结构探究人类认知心理和行为的科学解释是近年来兴起的一个方向。其中代表人物有迈克尔·加扎尼加(Michael S. Gazzaniga),其就大脑发展与人类伦理形成的关系进行了探索,和心理学家、语言学家乔治·米勒共同创立了认知神经科学,对认知过程的脑功能成像,以及这种图像提供的结构或区域性功能关系进行探索。

还有视觉计算理论创始人戴维·马尔(David Marr),其创立的视觉理论结合心理学、人工智能和神经生理学研究,将视觉看成一个信息处理系统,提出了知觉的三层次架构理论——计算层、算法层、实现层,对计算神经学的发展和

---

① 西蒙.认知:人行为背后的思维与智能[M].荆其诚,张厚粲,译.北京:中国人民大学出版社,2020:50.

认知心理学的丰富起着重要的推动作用。

将心理学与经济学、计算机科学等相结合是近年来的另一个研究方向,如行为经济学先驱丹尼尔·卡尼曼(Daniel Kahneman),从人类自身的心理特质、行为特征出发,揭示影响选择行为的非理性心理因素,提出"预期理论",研究人类在不确定情形下的决策;再如曾任认知科学学会会长的约翰·罗伯特·安德森(John Robert Anderson)提出的"认知架构"和心智技能的三阶段理论——认知阶段、联结阶段、自动化阶段,他对智能导学系统(intelligent tutoring systems)的早期研究使其成为认知导引(cognitive tutors)的领导者。

20世纪80年代初,认知心理学兴起了一种网络模型的认知研究范式——联结主义,启示和主要灵感来自人工神经网络。

1943年,美国神经学家沃伦·麦卡洛克(Warren McCulloch)与数学家沃尔特·皮茨(Walter Pitts)提出利用神经元网络对信息进行处理的数学模型——神经元模型,这个模型看起来很像组成计算机的逻辑门。但麦卡洛克—皮茨神经元模型解决不了学习问题。1949年,加拿大著名生理心理学家唐纳德·赫布(Donald Olding Hebb)提出神经元之间联结强度变化的学习规则,即赫布规则,开创了神经元网络的新局面。

联结主义的概念来源是美国心理学家爱德华·李·桑代克(Edward Lee Thorndike)创立的联结主义教育心理学(Connectionism Psychology)。

联结主义心理学是桑代克在动物学习实验和教育测验研究过程中提出的一种学习理论。"联结"一词是指实验动物对笼内情境感觉和反应动作的冲动之间形成联系或联想。桑代克认为学习理论的核心是不断地尝试,结合情境和反应,使有用行为和行为目标建立了联系,从而消除无用行为,达成目标。

赫布规则也为联结主义的形成做出了贡献。赫布规则是关于神经元之间联系的变化规律的定律,认为在同一时间被激发的神经元之间的联系会被激发条件而强化,形成神经元联结点,记住神经单元存在联系的活性状态,从而使知识储存在神经元之间的连接关系中。公式简单表述为:$W_{ij} = X_i X_j$,其中 W_{ij} 是从神经元 j 到神经元 i 的连接权重,X_i 是神经元 i 的输入,X_j 是神经元 j 的输入,这种模式学习,每个训练样本都会导致权重改变。若 $i=j$,则 W_{ij} 恒为 0(没有神经元和自身相连)。对于二进制的神经元(激发值只能为 0 或者 1),如果它连接的神经元有相同的激发模式,则连接会设定为 1。这就是赫布律。

赫布律是心理学和神经科学思想的融合,亦是联结主义的奠基石。从约翰·洛克(John Locke)和大卫·休谟(David Hume),到约翰·穆勒(John Stuart Mill)都通过联结理论讨论学习的话题。威廉·詹姆斯(William James)在其著作《心理学原理》中阐明了与赫布律相似的连接原理。

与符号主义心理学关于概念和符号是一一对应的,且处理信息如计算机一样是按次序按步骤的认知相比,联结主义心理学认为每个概念由许多神经元分散表达出来,而每个神经元又会和其他神经元联结在一起,代表许多不同的概念,信息处理时多个神经元可同时起作用进行多项运算。

联结主义理论对计算机人工智能的发展具有积极影响。"计算机里晶体管的数量已经赶上人类大脑里神经元的数量,但是在连接数量上,人类的大脑轻易获胜。"①生物计算机采纳分布表征和并行加工理论,模仿人脑神经网络,在人工智能的实现上进行着不断探索。

20 世纪 80 年代以来,网络取向的联结主义取代了计算取向的符号加工主义,利用人工神经网络,建立了心理或行为现象的互相联结网络模型。对神经元之间的连接给予不同的权重,即所谓的感知器。感知器中,一个正权值代表一个兴奋性连接,一个负权值代表一个抑制性连接。通过改变权职和界限值可以改变感知器计算的函数。感知器就像一个微型社会,少数服从多数,神经网络像社交网络一样四通八达。

联结主义明确各个融合因素之间的相互影响以及系统化的过程,深入影响了神经网络、行为科学、人工智能等领域的研究,推动了对学习机制的探究。虽然通过模拟大脑神经元网络记忆、处理信息,以形式化的方式对信息进行处理

① 多明戈斯.终及算法:机器学习和人工智能如何重塑世界[M].黄芳萍,译.北京:中信出版社,2017:121.

和操作,可以实现人脑那样的信息处理功能,但是在模拟人类自适应、自学习、环境影响等方面,和真正的人脑工作方式和运作原理还是有着较大的区别。人们仍在追寻和人类智慧最为匹配的智能方式、思想构架和理论模型。

（三）具身主义

传统认知心理学源于笛卡儿（René Descartes）的身心二元论,认为"心智独立于身体",心智表现在人脑上,就是人的智能。认知科学以形式化的方式研究人脑对接收到的信息进行的处理和行为作为起始观点。

17 世纪,英国哲学家约翰·洛克认为人类所有的思想和观念都来自或反映了人类的感官经验,肉体是构成人的一部分。1945 年,法国哲学家梅洛-庞蒂（Maurice Merleau–Ponty）出版了著作《知觉现象学》（*Phénoménologie de la Perception*）,认为人体是意识自我投射的实际环境,强调身体的重要性。他在1951 年布鲁塞尔现象学国际讨论会上作的学术报告中也指出:"为了另一自我与别的思想向我呈现,我就应该是从我的身体而来的我,是从这一具体生命而来的思想……他人经验在处境构成为我思的一部分的完全同等的程度上得以可能。"①但是这一思想被信息加工认知心理学所覆盖。

20 世纪 70 年代,认为认知是可计算的符号及其表征的符号主义（Symbolism）成为认知心理学的研究主流,人们按照符号处理器的模式来研究人的心理活动。随着计算机科学技术、脑与神经科学的发展,以神经的网状结构和并行加工原理为基础的联结主义（Connectionisan）也进入认知心理学家的视野并得到重视。可是人们对计算机和人脑之间所作的类比,不管是符号加工模式的,还是神经网络互联结构的,不论是运行机制,还是内部心理过程,心理学家们研究的目光一直关注在离身的认知。"离身的心智表现在人脑上,就是人的智能;表现在电脑上,就是人工智能。"②探讨脱离身体的电脑,以计算机模拟或构建人工神经网络研究个体获得知识、感知知识、应用知识,进而认识世界

---

① 梅洛-庞蒂.哲学赞词[M].杨大春,译.北京:商务印书馆,2008:58.
② 李其维."认知革命"与"第二代认知科学"刍议[J].心理学报,2008,40(12):1310.

的过程,这是人工智能的思想基础。

但是随着人工智能研究的不断深入,仅仅依据人们设定的逻辑规则,以形式化的方式对信息进行处理和操作,虽然可以解决许多问题,但是在模拟人类自适应、自学习、环境影响等方面,离身认知的局限性显现出来。越来越多的研究者开始意识到认知是包括大脑在内的身体的认知,当感知者与对象互动时,无论是在线接触感知还是离线联想感知,社会信息处理的基础是身体化。① 身体的结构、感觉和体验将知觉、记忆、判断、推理以及情感概念化,认知是被身体及其活动方式、身处环境塑造出来的,决定了人们怎样认识和看待世界,这就是具身认知(Embodied Cognition)理论的观点。

20 世纪 80 年代,具身主义强势回归,乔治·莱考夫(George Lakoff)与马克·约翰逊(Mark Johnson)对认知无意识、心智亲身性、隐喻性思维进行了表述,提出具身认知哲学 (The Embodied Philosophy,或称体验哲学)理论。艾斯特·西伦(Esther Thelen)明确地提出认知是具身的,认知源于身体以及与外部环境的互动。劳伦斯·夏皮罗(Lawrence Shapir)提出具身认知的概念化、替代、构成等三个主题,第一,"一个有机体依之来理解它周围的世界的概念,取决于它的自体的种类"②,有机体身体方面的差别使得理解世界方面也将不同;第二,"一个与环境进行交互作用的有机体的身体取代了被认为是认知核心的表征过程"③,与环境交互的身体认知替代了以符号算法进行的表征;第三,"在认知加工中,身体或世界扮演了一个构成的而非仅仅是因果作用的角色"④,身体与环境对于认知的重要性是超越影响作用的构成要素的存在。学者讨论并证

---

① NIEDENTHAL P M,BARSALOU L W,WINKIELMAN P,et al. Embodiment in attitudes,social perception,and emotion[J]. Personality and Social Psychology Review,2005,9(3):184 – 211.

② 夏皮罗.具身认知[M].李恒威,董达,译.北京:华夏出版社,2014:4.

③ 同上书,第 5 页。

④ 同上。

明环境状况、情境行为与身体状态是认知的基础①；通过情绪对躯体动作、认知的影响，从身体的活动方式、感觉和运动体验探讨情绪加工的具身性②。

目前具身认知的研究从认知神经科学、社会心理学、认知语言学等多个角度阐释环境和身体对人类认知发展所起的重要作用、身体属性对周围世界概念的理解、身体与环境互动对认知核心的替代，以及身体和环境在认知加工中的构成角色。

莱考夫与约翰逊将基于理性主义的表征计算范式的传统认知科学称为第一代认知科学（First Generation Cognitive Science），将具身心智的认知科学称为第二代认知科学（Second Generation Cognitive Science）。第一代认知科学和第二代认知科学的本质表征主要有以下区别。（见表1-1）

表1-1　第一代认知科学和第二代认知科学的本质表征区别

表征项目	第一代认知科学	第二代认知科学
心智	心智是符号的	心智是生物和神经的，不是符号的
	心智限于有意识的觉知	大约95%的心智是无意识的
思维	思维是无身的和抽象的	思维是具身的，概念的独特结构反映了身体的独特性
	思维是直义和一致的	抽象思维大部分是隐喻的
情境	符号计算不具备与环境交互影响的特性	认知是情境的，嵌入自然环境和社会环境之中
动力系统	认知系统只在符号表征中运行	认知涌现于脑、身体与环境之间的动力交互作用

第二代认知科学以发展的眼光揭示人的认知随着心智的学习、身体的成长

---

① BARSALOU L W. Grounded cognition[J]. Annual Review of Psychology,2008,59:617-645.

② 刘亚,王振宏,孔风.情绪具身观:情绪研究的新视角[J].心理科学进展,2011,19(1):50-59.

而经历了一个发展的过程,并且个人的认知形成会因不同环境的影响而改变。认知活动和环境的耦合与相互作用,是人类认知发展的动力。人们在不断探讨和研究认知科学和认知心理的过程中更深入地了解了自身,认识了世界,并将研究成果应用到各个学科研究之中。

第二节　用户认知理论与情报学认知观

人的认知是个复杂的活动过程,是人认识外界事物的过程,指通过心理活动(如形成概念、知觉、判断或想象)获取知识,或者说是对作用于人的感觉器官的外界事物进行信息加工的过程。它包括感觉、知觉、记忆、思维等心理现象。

一、用户认知的获得

我们可以从三个方面来理解人类认知活动的过程和应用。

(一)信息接受过程

"人的信息接受过程是一种人脑的认知活动,而人的认知活动的进行是通过人脑对信息客体的选择、整合和理解这三个环节来实现的。"[①]在这一过程,当信源发送信息符号后,信宿接收信息并尝试通过信息含量识别信息包含的事实和重要程度。信宿赋予这些被传递的符号以意义,称为解码。然后,信宿会根据提取的信息,通过一定的沟通方法或行动对此次信息活动做出反应。

需要注意的是人脑对信息客体的认知图式影响了接受主体对信息的识别、选择、整理、理解和吸收的过程。如同皮亚杰曾提出的"同化—顺应"理论,当外界的信息纳入原有认知图式并对其巩固补充时,信息进入同化过程;当环境发生的变化使原有图式不能接纳或同化新的信息,则建立新的图式进入顺应过程,即所谓同化进步,顺应发展。用皮亚杰的话来说:"刺激输入的过滤或改变

---

① 蒋永福,刘敬茹.认知图式与信息接受[J].图书馆建设,1999(3):2.

叫作同化（assimilation），内部图式的改变，以适应现实，叫作顺应（accommodation）。"①可以说任何认知活动都伴随着信息接受的同化或顺应的过程。

人类对信息的接受是认知活动的初始行为,外部信息的输入影响人类自身信息的容量和结构,诸如一切学习行为。信息接受包括接收、解码、理解三个过程,不同的人根据自身的知识体系,对信息中描述的事实、观点等进行不同程度的识别,以及理解陈述信息的理由、结论的对应逻辑关系。在锁定所需要的信息时,就是思维显性化、丰富认知的开始。（见图1-2）

图1-2　信息接受过程

（二）信息加工过程

认知活动是人脑对接受信息的处理和操作过程,包括信息储存、提取、输出以及信息的转化和传递等。

与外界沟通的时候,大脑需要对信息进行加工处理,包括选择、联想、归纳等过程,如同经过层层滤网。面对大量的信息,我们的大脑意识部分根本无法在短时间内将它们完全处理。因此,大脑的第一道沟通程序是选择。根据不同关注点（形状、大小、颜色、数量、相似或不同等特征）将其中的绝大部分删减,选择重点信息进行处理,选择和删减工作是在认知结构和环境的多重影响和作用下的潜意识行为。（见图1-3）

---

① 皮亚杰,英海尔德.儿童心理学[M].吴福元,译.北京:商务印书馆,1980:7.

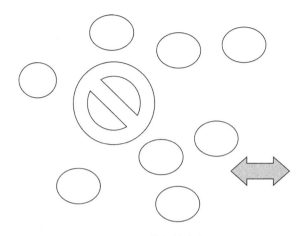

图1-3　信息的注意

人们会对上图中获得的信息进行初步筛选,有人会关注数量多的,有人会关注颜色深的,有人会关注形体大的,各人被不同的特性吸引,最受刺激的特征被保留,其他特征被无意识贮存,等待其他条件刺激时的提取。

第二道沟通程序是联想。联想是从信息的想象空间中延展的推测或假设,从而引发各种情绪,这种情绪影响着信息的判断和理性分析。

联想指由于某人或某种事物而想起其他相关的人或事物,某一概念而引起其他相关的概念。英国哲学家约翰·洛克(John Locke)在其著作《人类理解论》(*An Essay concerning Human Understanding*)中指出:"一些观念相互之间有一种自然的联合;要来推寻这些观念,并按照它们的存在中有基础的特有的联络和契合,把它们联合起来,那正是我们理性的职务和特长。除了这种联合以外,还有另一种联合,完全是由机会和习惯来的。"[1]

人在记忆复杂材料时,大脑会有两种结构进行存储,一种是简单序列性的,一种是逻辑关系性的,以表示相关结构的形式保存信息。当记忆被刺激词提取出来,按照一定的方向联想到相关反应词,这即是指向性联想。计算机模拟人

---

[1]　洛克.人类理解论[M].关文运,译.北京:商务印书馆,1959:376.

的思维模式就是采用如此方式。

人们获得的观念来源于三个渠道,一个是直接觉察到的,最确定的事实;一个是借助于别的媒介来发现的,以直观为基础经过论证的,也具有确实性;还有一个是超过当下事物的存在而感觉得出来的,是不确实的具有情感因素的联想。

感觉是由人的感官受外部运动影响,通过神经的传导刺激大脑,引起获得表象和观念的内部运动。当外部运动的影响停止后,由它所引起的神经振动痕迹作用的内部运动由于惰性的作用,仍会继续存在,这种连续的运动,就是所说的联想(观念的联系或联合)。相似的观念和可以形成比较的观念都易形成联结,经验和习惯也是感觉或观念的联结总结和反映。

英国哲学家赫伯特·斯宾塞(Herbert Spencer)认为,联合是在经验内建筑起来的,情感和关系都可造成联合。当联想和情感联合时就会引发各种情绪,情绪的加入影响了联想的复杂程度。(见图1-4)

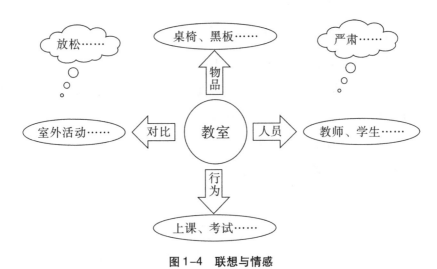

图1-4　联想与情感

当看到"教室"一词,可以从记忆序列材料(此记忆可以是经验所得或是学习获取)中想到与此相关的物品设置,如桌椅、黑板、讲台等;与此相关的人员,如教师、学生等;与此相关的行为,如上课、考试、会议等;同时还可以联想与此形成比较行为的室外活动,如跑步、散步等,而情感也会与联想随之伴生……这是记忆存储的基本形式。

信息因用户自身认知程度经过删减、联想、归纳等加工程序,从而影响着信息的处理结果。

第三道沟通程序是归纳,也称为一般化、知识化或常识化。归纳一般来源于两种途径,一种是理论驱动归纳,即先有理论,然后根据理论进行推论,再验证事实是否符合理论,之后由同行、专家评论理论正确与否,如爱因斯坦相对论的提出与认可;另一种是材料驱动归纳,即根据收集的大量材料进行分析,找出规律并解释其规律性,如孟德尔的豌豆实验探索出的遗传规律。比如,在学习和实践之中不断总结经验教训的学习能力就是一种归纳;又如,相关数据资料的汇总、关联和储存,以及自动提取和对比分析都是归纳处理。

由此衍生出的信息论,便侧重于数理统计分析,把信息看作一个抽象的量,计算信息传输者与接受者双方得到信息的区别和相似性,从量的方面来描述信息的传递与提取问题。提出通道能量概念,反映被试对信号加以编码和正确提取的最大精确度,主要涉及信息传输和信息压缩两大领域。信息论在电报、电话等通信系统的应用促进了数字计算机处理信息能力的提升,推动了计算机在模拟了人类加工信息方面的广泛利用。

从侧重计算机模拟的信息加工理论(Information Processing Theory)来看,计算机的信息加工系统由控制器、运算器、存储器、输入设备、输出设备五个模块组成,模拟人脑神经系统输入、记忆和输出的组织结构对信息的加工过程。信息加工理论从一定的方向解释人类完成认知任务的心理过程——人类在生存发展、适应环境的过程中,催生了各种认知能力,产生了符合人脑信息加工特点的解决问题的合理性行为。

人们把复杂的行为转化为物理符号,并用物理符号系统编写程序来模拟人类的智能,按照人类思维操作过程编制计算机程序,在解决大量繁杂的计算问题时,取得了成功的效果。

（三）信息利用过程

认知活动是整合信息，并运用人脑中的知识与经验解决问题的过程。

一般说来，人的基本认知有三类：一是学习储备，包括辨别学习、理解学习、样例学习等；二是模式识别，认识物质间的关系，建立范式，构建模式共性；三是问题解决，运用启发式的方法或目标比较分析、任务规划等手段解决问题。

人的基本认知初步过程是将表征的信息在记忆中存储的过程，可以通过计算机建立模拟心理活动模型，包括人如何注意、选择和接收信息，如何对信息进行编码、传输和组织，以及知觉、记忆、情绪、语言的应变行为等；然后在外界刺激物影响下，经过对信息的提取或再认过程，将头脑中加工改造而建立形成的若干表象转化为知识、经验，从而指导问题的解决。

人在利用信息时，主要是以下机能的运行。（见图1-5）

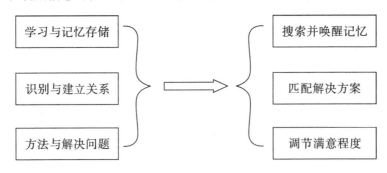

图1-5 信息认知机能

（1）人是通过搜索和唤醒记忆中的信息，提出解决面临问题的策略的。人类搜索记忆的过程是串行的，在搜索时不能同时考虑到解决问题的各种可能性的权衡比较，一般情况下，人们根据经验可以利用一些常用的启发式方法或规则想到一种或几种可能性，而且当有条件时，可能性的实践只能一个一个地进行尝试，在试验之后验证几种可能性的推断是否正确。

（2）人在解决问题时，需要找到的是一个满意的方法，而不是一个最优的方法。因为不能同时想到问题的所有解决方案，要想得到效能最高的最优解是非常困难的，根据效益最大化原则，寻找一个满意的方法不需要进行全部搜索和匹配,只需要完成解决问题的程度即可,这样的过程相对容易得多且可行性较强。

(3)人在解决问题时,可以根据情况随时调节满足需求的程度。当初步需求得到满足时,就会有更高层次的需求,当一个问题得到成功解决时,再次面对同样问题,就不再满足于同种方法,而是希望能够找到更好更快的解决方法。这种随着外界条件的变化而自我调节满足需求程度的特征适用于人类对信息的利用活动,每个信息利用的过程提高了信息需求的程度,从而加深强化信息的再利用过程。信息在利用中并非消耗,而是可以广为扩散,不断增殖,更新信息再次利用。

在信息服务中,对人类认知活动的理解催化了对用户信息心理的研究,这在很大程度上拓展了融合用户认知心理的用户认知结构。认知结构是指人关于现实世界的内在编码系统,是一系列相互关联的、非具体性的类目,它是人用以感知、加工外界信息以及进行推理活动的参照框架。从狭义上说,也就是头脑中的某一知识领域内的观念及内容,从广义上说,认知结构是头脑中已有观念的全部内容及其认知信息的组织结构。

个人的认知结构是在学习过程中通过同化顺应作用,在心理上不断扩大并改进所积累的知识而形成的,认知结构一旦建立,就会成为个人补充吸取新知识时极其重要的基础和能量积蓄,而学习是促使认知结构变化的不可或缺的因素,根据当时情境和个体本身因素,新概念和新信息的融入对现有认知结构进行了不同程度的分化、重组,达成正、负迁移的新的认知结构。(见图1-6)

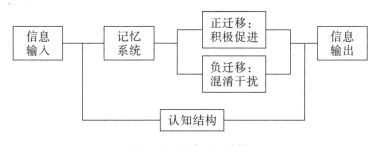

图1-6　人类认知结构

正迁移是一种"助长性迁移",是认知清晰对学习的积极和同向促进作用，负迁移一般是指认知混淆对学习产生的干扰或抑制作用。

正迁移保持了原有认知结构的清晰性、稳定性、概括性、包容性、连贯性和可辨别性等特性，负迁移影响了原有认知结构的可利用性、可辨别性和稳定性。

二、情报学认知观的起源与发展

在符号主义广为流行的时代，情报学尤其是情报检索领域占据主导地位的系统观强调对文献或物理媒介记录知识的量化处理和符号表达，忽略信息用户的认知、动态需求等主观因素，提供给用户的是文献或外在信息的统一样式的检索与处理，而不在意检索输出集合的适用性。情报检索过程注重的是情报人员的工具操作技能，而不关注用户对情报的吸收效率和利用效果。这是一种单向的情报观念和信息流过程，并不能突显情报服务的意义，限制了情报学的发展。从心理认知角度，考虑用户知识结构，研究情报查询、生产及利用方式等环节中对情报的特点、用户认知、组织与处理的观点成为学者研究的方向。

情报学认知观大致历经了三个阶段，分别对个体认知、社会认知和计算认知展开了研究。

(一)以个体认知为中心的情报观

从认知科学角度来研究情报服务起始于20世纪70年代，1977年在丹麦首都哥本哈根举行的"情报科学研究理论与应用国际研讨会"上，马克·德·梅(Mark De Mey)明确提出了情报学的认知观，认为任何情报的处理，不管是知觉的还是符号的，都是通过构成了情报处理器(如人)的世界模型的一整套范畴或概念体系来进行的。强调人的已有知识结构对行为和当前认知活动的决定性作用。吸取认知科学的情报学理念重视用户的知识结构和认知能力，体现了情报服务双方在认知层面对信息理解的重要性。[①]

---

① 李亚梅.基于用户认知的学科服务可视化研究[J].图书馆学研究,2015(6):72－75,52.

德国情报学家 B. 葛劳斯在述及情报学的理论基础时,指出要运用心理学的原理来研究情报学的有关问题。英国情报学家贝尔金(N. J. Belkin)认为,用户的知识状态和对文献内容的信任程度对情报的接受和吸收的作用很大。这些观点加深了情报学与认知科学的联系,情报学不再是只以物为研究对象的学科,情报产生的主体——人更是情报学研究必不可少的决定性因素。

作为情报科学认知观的支持者,英国情报学家贝特拉姆·克劳德·布鲁克斯(Bertram Claude Brookes)为了阐明情报作用与知识结构的关系,构建了情报知识方程式,即 $K(S)+\Delta I=K[S+\Delta S]$,式中 $K(S)$ 为原有的知识结构,即一个人的背景知识或图示;ΔI 为情报的改变量,即能够理解、整合到自己知识结构中的信息;$K[S+\Delta S]$ 为吸收了新的情报后形成的新知识结构。布鲁克斯知识方程式表达了一个重要的内容,即能够满足人们信息需求的不是所有的信息,而是使人们原有知识结构发生变化的那一部分知识或情报(ΔI)。他还强调知识增长并非单纯叠加,而是知识结构的某种调整,是用户真正消化利用的信息。布鲁克斯的情报认知观阐述了人类思维的主观模式与客观模式的相互作用,表明认知过程发生在情报学涉及的任何交流系统的两端。

"贝尔金研究的焦点放在如何导致用户利用情报系统及用户知识的性质上,指出以改变用户知识状态为目的的情报系统设计必须探究用户知识状态的性质。"①并且情报的产生者和接受者的知识状态都是非常重要的。他的"知识非状态(ASK, Anomalous State of Knowledge)"理论建立了情报生产者与查寻者之间的沟通渠道,使得情报检索系统关注情报生产者的文本语言表达和信息查寻者的认知知识理解这两个层次之间的关联。ASK 假说包含四层逻辑:一是用户的情报需求来自内部知识结构的补充需求;二是用户的情报需求随着知识状态的变化而发生变化;三是情报检索的意义在于描述、解释和改变用户的知识非常态;四是情报服务是情报生产者与使用者之间的双向沟通,其关键在于双方需要理解彼此的认知与知识结构。"从系统取向转向认识取向,意味着情报

① 贺颖. 情报学的认知视角分析[D]. 天津:天津师范大学,2002:8.

科学研究的重点从情报检索系统的设计和开发,转移到强调情报消费主体的知识结构、情报行为、人机交互和情报查询等方面,其实质是从情报系统转向人的一个重大变化。"①

除了考虑用户知识结构对情报服务的影响,美国学者布伦达·德尔文(Brenda Dervin)还从用户与情报的关系出发,提出意义建构理论(Sense-Making Theory),围绕信息不连续性、人的主体性以及情境对信息渠道和信息内容选择的影响,强调用户本身对情报信息的主动检索和主动构建。德尔文认为,信息的意义建构是内部行为(即认知)和外部行为(即过程)共同作用的结果。在信息查询行为情境中,"人"成为主观者,建构而成的主观产物是知识,人只有通过自身的认知才能理解信息的意义,所以人在接受信息过程中的主观作用也应引起关注。

情报学的研究从客观信息、主观客户拓展到情报情境,从文献取向、系统取向转变为认知取向和用户取向。

(二)以社会认知为中心的情报观

从20世纪90年代中期开始,对情报学的研究从个人认知视角向社会认知视角演进,情报学家关注的重点由个人(包括情报服务主客体)转变为社会、文化和科学领域,开始探讨环境、情境范围中的社会信息形成以及对他人或事物的影响,逐步形成情报学社会认知观(Social Cognitive View)。

情报学社会认知观强调用户和系统的社会情境,认为处于不同历史文化环境和学科背景中的用户对情报的认知是不同的,用户的情报认知行为是由用户需求、个人认知以及环境因素共同作用的结果。

认知观点在信息科学,特别是交互式信息检索领域的理论和实证研究在国际上迅速发展和推广。信息认知一方面是信息生成者的知识结构转换的结果,另一方面是当信息被感知时,影响和改变接受者的知识状态。研究者认为广泛

① 汪冰.试析情报科学研究的若干重点与发展方向[J].情报科学,1998,16(4):299.

的情境因素是构成个体信息认知行为的框架支撑,面向用户和认知的信息检索系统需要充分认识到情境对信息需求与搜寻现象充分理解的影响。

丹麦情报学家英格沃森(Peter Ingwerson)根据情报产生及其接受过程修正了布鲁克斯基本方程式,即 $PI→ΔI+K(S)→K(S+ΔS)→PI'$,公式中 PI 为潜在情报,经过个体认知转化成为情报 ΔI,经原有知识结构 K(S) 吸收 ΔI 后形成的新知识结构 K[S+ΔS],由此产生新的潜在情报 PI'。英格沃森还着重解释公式中两个"+"含义的区别:第一个"+"是信息的补充和情报连接,第二个"+"是认知对信息融合和情报内化的有机过程。

英格沃森还从认知的、基于任务的角度来看待信息寻求和检索,面向信息获取技术和工作任务情境延伸的观点,提出信息检索交互模型(integrative IS & R model),认为信息寻求和检索过程涵盖三大层面,受五大维度相互作用。三大层面分别是:用户搜索和利用情报时与信息系统的交互认知过程;交互认知过程中,用户认知的文化性和差异性;用户搜索时情境对其信息行为的影响性。五大维度分别为:工作任务维度、参与者维度、文档维度、算法维度、访问和交互维度。IS&R 是在不同的工作和环境中进行的,其特点是在不同维度的变量上具有不同的观点体现。

情报学的根源在于利用多种技术手段,通过情报分析与情报研究,在特定情境中为特定用户解决问题、提供方案,脱离了情境的情报是没有原动力和无意义的信息。美国情报学家安德雷森(M. R. Endsley)赞同从分析情报中的"情境"因素,提出了情境意识概念。安德雷森将情境意识定义为"特定的时间和空间内对环境中各种要素的知觉,对其意义的理解以及对其未来状态的预测"[1],包含三层意思:一是知觉,来源于情境意识中最基础的感知环节;二是理解,即对不同信息的思考与整合;三是预测,即分析未来情境事件的能力,这是情境意识的最高水平。

---

① ENDSLEY M R. Toward a theory of situation awareness in dynamic systems[J]. Human Factors,1995,37(1):36.

情境意识分为自我情境、共享情境和其他情境。情境意识的形成来自两种信息加工方式,即概念驱动加工(自上而下的加工)和数据驱动加工(自下而上的加工)。在概念驱动加工中,主体认知负责搜集与概念相一致的情报,并在编码过程中过滤掉与概念无关的情报信息;而在数据驱动加工中,外界情报能够激活新的认知概念。这两种加工方式的顺利转换是情境意识得以形成的关键。

需要注意的是,情境意识不是静态不动的,情境空间和时间变化的程度和速度都会影响情境意识的转化,真正的情境意识测量应该强调环境中动态变化的元素,达到良好的情境促进良好情境意识的形成,良好的情境意识转化为良好的决策。

丹麦学者赫约兰德(Birger Hjørland)借鉴社会学的理论与方法,从学科领域视野来考察情报现象,并且广泛吸收社会心理学、社会语言学、知识社会学等其他相关学科的研究理论,提出领域分析(Domain Analysis)的情报认知思想和观点。赫约兰德认为理解情报的最佳方法是将其视作某一社会领域的整体知识结构,情报系统反映和体现了用户的主观知识结构,处理情报的方式是研究人们的思考方式和思维规律,而不仅仅是客观知识。

赫约兰德列举了11种领域分析方法,如制作文献指南和学科门户,制作分类和主题词表,专业标引与检索研究,用户实证研究,文献计量学研究,回溯研究,文献类型研究,认识论和批判研究,术语研究,传播结构和体系研究,专业认知和人工智能等领域分析案例。①

领域分析夯实了认知情报学的基础,在社会文化背景下,依托情境和学科背景或专业领域,利用信息技术,以具体信息行为将用户及其情报需求进行合理分类,展开基于情境和用户情报认知的"个性化"情报研究与服务工作。(见图1-7)

社会文化、情境、领域的重要性已经获得情报学学者的普遍认可,其中有些

---

① HJØRLAND B. Domain analysis in information science:Eleven approaches – traditional as well as innovative[J]. Journal of Documentation,2002,58(4):422-462.

问题需要注意：一是情境的研究通常只针对某一特定境况，普适性不足；二是社会文化、社会认知的研究常常强调群体共性，而忽略基于个体认知的个体特性；三是应该看到信息技术的持续迭代与发展给社会认知情报学带来的强大推动力。

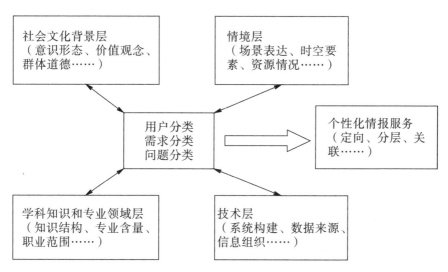

图1-7 社会认知的情报服务模型

（三）以计算认知为中心的情报观

随着自然语言处理，信息分析和机器学习领域的大量创新技术和高性能、大规模超级计算系统的开发和应用，机器在拥有人类或类人的认知能力方面得到了提升，开始了人工智能背景下的情报学新纪元。

认知计算（Cognitive Computing）源自人工智能，是模拟人脑认知过程的计算机系统。20世纪90年代，研究人员开始用"认知计算"一词来描述计算机模仿人脑一样去进行思考，进而辅助决策的制定。认知计算是集多种科学学科和信号处理的技术平台，包括人机交互、机器学习、语义处理、自动推理、语音图像识别、大数据认知等多种技术。

21世纪初，学者就已对认知计算进行了研究，并将认知计算与情报学进行了成功的交叉融合。电气与电子工程师协会（Institute of Electrical and

Electronics Engineers,简称 IEEE)认知情报学国际学术会议（International Conference on Cognitive Informatics,简称 ICCI）从 2002 年的第一届认知情报学会议开始,每年定期举办,交流认知情报学涉及的相关领域及其技术的发展。根据认知情报学领域的研究变化,在 2011 年,会议正式更名为 IEEE 认知情报学和认知计算国际学术会议（IEEE International Conference on Cognitive Informatics & Cognitive Computing,简称 ICCI * CC),认知计算成为认知情报学研究的重点而在会议名称中被强调突出。

认知计算将人类认知结构理解为计算关系,从而通过计算模拟人类认知过程,包括听、说、看、写、理解、推理、决策和发现等认知活动。在情报学研究中,情报认知与数据计算在信息组织、情报分析、智能检索和知识发现等领域中深度融合,从人的认知角度来组织与管理信息,在人机交互和环境互动中理解语义、逻辑,并学习挖掘出具有认知价值的知识,从而促进情报系统形成自己的"认知"。

认知计算对于大数据产生的速度和多样性,通过创建特定的应用场景,通过机器学习模拟人类的思维处理过程,加速对大规模数据的组织、处理和评价;在情报检索技术领域,认知计算技术以知识库为基础,运用逻辑式、语义表达网络或框架,对输入的原始数据进行推理,实现智能检索和基于内容的检索功能;在知识发现过程中,抽取出离散的知识要素后,可以在其上进行关系抽取,创建含有细粒度实体的知识图谱,实现自动的知识发现。"而基于认知计算的可视化技术和工具(如概念图、思维导图、认知地图和思维地图等)也将可以以更加丰富的形式,以及更加符合人们认知习惯的方式展示情报分析的成果。"[1]

认知计算通过数据挖掘、机器学习、深度学习、人工智能等科学技术手段建立了用户认知与情报行为的关联,实现了情报的个性化服务。在认知风格、认知能力、知识和经验等因素研究成果基础上,学者们更进一步,开始研究情感认知因素对用户情报行为的影响。

---

[1]　徐峰,冷伏海.认知计算及其对情报科学的影响[J].情报杂志,2009,28(6):23.

认知计算将会融入人类设计的各个系统之中,在越来越多的行业中广泛应用,但人类自己尚无法把控的抽象的直觉、创造力、说服力以及对环境的适应力等认知行为,是认知计算无法模拟或拥有的技能。

"认知计算研究现阶段普遍面临三大问题需要解决:(1)非形式化领域如何无损转变为形式化领域;(2)已经形式化了的领域如何保证是可计算的,算法如何实现;(3)理论上可计算的认知问题,但实践技术层面如何实现计算的复杂性。"①

三、用户信息行为与情报认知学的关系

要厘清用户信息行为与情报认知学的关系,首先要理解四个术语概念:信息行为(information behavior)、信息寻求行为(information seeking behavior)、信息搜索行为(information searching behavior)和信息使用行为(information use behavior)。

信息行为是人类获取信息来源和信息渠道的行为的总和,包括主动和被动的信息寻求和信息使用,如面对面的主题交流,或者被动地接收广告信息等。信息寻求行为是为了满足某种目标而对信息进行有目的的搜寻和查找,在寻找过程中,个人可以与多种形式的信息媒介(包括纸质书籍或电子资源)或信息系统(包括人工检索工具或计算机查询系统)进行交互。信息搜索行为是搜索者在与各种信息系统交互时所采用的"微观层次"行为,包括人机交互层面的命令输入输出、智力层面的检索策略的制定与调整,以及对数据或信息相关性的判断等心理行为。信息使用行为是将信息整合到个人现有知识库中所涉及的一系列生理和心理行为,涉及物理行为的操作,以及新信息与现有知识比较的心理行为。

在上述描述中,大多数工作都与系统使用有关,"如何使用系统"是计算机科学需要研究的用户对可用系统的行为方式,而用户的"信息需求"以及信息寻求行为与其他任务导向行为的关系则是信息系统界需要关注的问题。

---

① 刘伟超,周军.认知情报学研究进展[J].情报资料工作,2020,41(6):41.

自 20 世纪 80 年代以来,出现了从"以系统为中心"向"以人为本"的理念的转变,对信息需求的考虑成为信息行为的重要因素。

信息需求包括宏观的环境情境和微观的个体情境两方面。宏观的信息需求包含自然环境、社会环境、经济环境等广泛的大层面需求;个人的信息需求大致有生理需求、感情需求、认知需求和自我实现需求等等。

Cacioppo,Petty 和 Kao(1984)设计了一个包含问题难易选择、时间选择、思考程度选择等 18 个主题项的"认知需求"(Need for Cognition,简称 NC)测试,来测量个体认知的一般特征和差异。[①]

20 世纪 90 年代以来,情报学认知观把情报的观念同用户(主体)的观念更为紧密地联系起来,而弱化了情报与系统、文献的联系。"贝尔金对人的精神状态(知识非常态)、德尔文对用户的意义建构都给予了更多的关注与强调,在科学范式观上有将情报科学指引到新的本体论域的认识价值。"[②]研究重点从系统驱动转向用户驱动的需要使用的情报,引领了观念上的重大变化。

2009 年 6 月 27 日,由北京大学信息管理系暨国家信息资源管理北京研究基地和南京理工大学经济管理学院信息管理系共同发起并主办的第一届"搜索行为与用户认知研究"研讨会(Searching Behavior and User Cognitive Research Workshop)在北京大学成功召开,这是国内信息管理与图书情报学界首次以"搜索行为和用户认知研究"为主题的学术研讨会。之后,又在南京理工大学、西南大学、武汉大学等学校举办研讨会,交流用户隐喻认知与语言使用行为、基于用户研究的信息组织与检索系统设计、用户认知与用户行为、用户生成内容与认知计算等主题相关内容的研究成果。根据研究主旨,可以看见用户情感、动机等认知行为在网络搜索、数据库使用、信息分析等信息服务中的作用已引起了越来越多的学者关注。

---

① CACIOPPO J T,PETTY R E,KAO C F. The efficient assessment of need for cognition[J]. Journal of Personality Assessment,1984,48(3):306-307.

② 师宏睿.贝尔金与德尔文情报认知观评述[J].图书与情报,2003(5):14.

目前,用户认知与情报服务的关系研究已取得了很大进展。"从认知科学角度研究情报的本质、情报检索、情报系统等情报学问题,已经汇集成一股强大的潮流。"①国外在基于认知观的信息检索基础理论、信息搜寻行为等方面都有深入的研究,形成了诸如威尔逊(T. D. Wilson)的信息寻求行为模型、库尔斯奥(Kuhlthau Carol Collier)的检索阶段与过程模型、萨瑞塞维克(Tefko Saracevic)的分层交互模型等从信息需求、信息过程、信息分析等角度研究的认知信息检索模型。

英国情报学家威尔逊关注信息寻求行为产生的根源——用户信息需求,信息需求是基于心理状态、感情状态和个人认知状态方面的需求。这些个人需求受到用户在社会中所处的角色和外部环境等多种背景因素的影响。

威尔逊侧重于研究信息寻求过程中的影响因素,如合作信息寻求,信息寻求行为在团队中的作用,信息寻求和万维网等心理学的、统计学的因素,都会给需求的表达带来影响。② 他提出信息行为全局模型,认为信息的寻找、搜索和使用,与目标导向的问题解决过程的不同阶段有关,这些阶段是:问题识别、问题定义、问题解决和(在需要时)解决方案陈述。(见图1-8)

美国情报学家库尔斯奥更多从用户的角度来说明不同的搜索行为,对信息行为进行现象学研究。他吸取凯利(Kelly)的"个人建构理论"(Pemonal Construct Theory),在信息搜索中,为信息检索过程的各个阶段赋予了思想和情感,体现从不确定的、模糊的初始状态到完成搜索的状态经历的情感上的变化,即从感觉到思想到查找行为的历程,提出信息搜索过程模型,从感觉(情感支持)、思想(思维认知)、行为(物理行动)三个层面,分析包括初始阶段、选择阶段、探索阶段、显式化阶段、整合阶段、表现阶段、评估阶段在内的七个行为阶段的感觉、思考描述。该模型强调了情感因素的相互作用,在整个信息交互的过程中,用户的态度影响了知识的增长和认知能力的提高。

①　肖勇. 21 世纪的情报学研究趋势(一)[J]. 图书情报工作,2002(2):41.

②　WILSON T D. Human information behavior[J]. Informing science,2000,3(2):49-55.

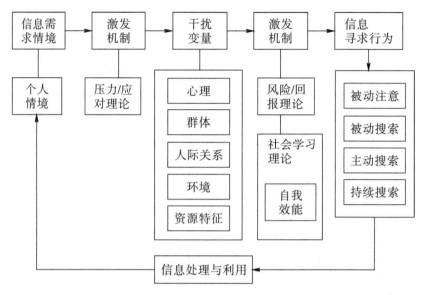

图 1-8 威尔逊信息行为全局模型

美国情报学家萨瑞塞维克认为情报学是在社会、机构和个体的信息需求与使用的情境下,解决人类之间知识和知识记录的有效交流的科学理论与职业实践,但是经常情况下,用户的关注点不是作为内容客体的人类知识记录,而是文献中的潜在信息有没有以一种符合用户理解并有用的形式加以整合、归纳、评价和提炼、总结。信息整合旨在更适合用户的需求以及符合用户的理解水平、时间分配、信息吸收能力等因素。例如,用户手中有一堆关于某一特定主题的文件,即使这些文件可能包含了所需的所有信息,但对于他们来说,大量的材料堆积可能还不如结合文件的摘录更有价值。"信息的最高价值在于面向用户,从所提及的来源中总结出一系列源于需求、符合用户的社会文化框架表达的解决问题的建议。"①

马海群、杨志和基于身心语言程式(Neuro Linguistic Programming,简称

① SARACEVIC T. Processes and problems in information consolidation [J]. Information Processing & Management,1986,22(1):50.

NLP)理论,构建了信息检索的用户需求、检索语言的"认知、表达与交互模式"以及"检索目标制定中的心理取向模型",用以探究用户描述真实需求,制定检索指令以及意识(特别是潜意识)选择检索策略的检索认知和行为规律。①

陆伟、万维雅认为基于认知的信息检索应该是在交互中实现的,"当信息检索研究积累了足够的实验和分析证据,能够支持更具适应性的认知研究时,信息检索研究开始转向认知信息检索,即信息检索交互"②。信息检索的任务就是检索出的结果使信息生产者、信息组织者(包括索引编制人员)和信息用户的认知结构相一致,从而满足当前的信息需求。也就是说,在信息检索过程中,检索系统、概念知识与用户认知发生动态交互,使得用户的信息需求、实际问题或者情感体验得到满足。

叶方倩基于建构主义理论,提出以知识挖掘层、用户认知层以及认知交互层为顶层分析框架的交互式信息检索模型。该模型展示了检索过程中用户认知与用户信息行为的关系、信息传递与交互的流动路径以及概念知识地图、交互式知识地图的生成与构造。知识挖掘层是针对主题的公共知识结构集合、用户认知层包含用户的动态认知建构、认知交互层是用户认知的匹配和重构,客观知识的信息流和主观认知建构在三个层面的有效契合,促进了用户的认知发展。③

何晓兵、容金凤以不同认知程度的用户为研究对象,基于层次目标分解法,构建认知信息检索模型,从目标任务层、匹配运算层、人机交互层、结果评价层陈述和分解信息检索过程,从系统模型的生产者、系统检索功能设置、用户认知空间和社会文化等因素来分析其对认知信息检索模型构建的影响。④

上述研究为情报检索系统打开了与用户思维和认知融合的窗口,考虑了用

---

①　马海群,杨志和.身心语言程式视阈下的信息检索用户认知模型研究[J].中国图书馆学报,2011,37(3):38-47,99.

②　陆伟,万维雅.基于认知观点的信息检索交互模型[J].中国图书馆学报,2005(2):55.

③　叶方倩.认知建构视角下的交互式信息检索模型研究[D].武汉:武汉大学,2018.

④　何晓兵,容金凤.基于层次目标分解法构建的认知信息检索模型[J].情报理论与实践,2014,37(2):14-18.

户的认知空间,优化系统模型的功能设置,构筑了认知科学与情报科学之间的桥梁,提升了认知信息检索系统的检索质量和服务水平。

第三节　基于用户认知的学科服务理论

一、用户认知与学科服务的关系

图书馆开展的学科服务是一项主客体都需要主动参与的全方位、多层次的信息服务。从广义上说,学科服务是一切围绕学科建设和学科发展而进行的信息资源保障、资源配置、资源利用、资源管理和资源评价等全面信息行为;从狭义上说,学科服务是超越于传统参考咨询和信息服务的,面向院系学科,深入用户的科研或教学活动中,帮助他们发现和提供更多的专业资源和信息导航,为用户的研究和工作提供针对性和定制化的高层次信息服务,是图书馆创个性化服务特征的具体体现。

学科服务的说法起始于美国内布拉斯加大学图书馆于 1950 年设立的分馆并配备的学科馆员(subject services)。服务内容深化于 1981 年美国卡内基梅隆大学图书馆推出的跟踪服务(track service)。加拿大以及西欧国家的部分研究级大学图书馆推出的"网络化馆员免费导读"服务也是学科馆员服务模式的有益尝试。学科馆员的设立和服务层次与服务内容的丰富拓展伴随着学科服务的发展和演变。目前国外学科服务偏重于实践研究,主要集中在融入用户学习、科研活动环境及向用户提供学科服务方面。

"学科馆员制度的建立,具有很强的专业性、针对性和高层次性,充分体现了用户至上的服务精神,受到了用户的普遍欢迎,因而数年内在欧美国家得到了很大发展,并于上个世纪九十年代进入我国。"①历经 1997—2006 年的初始阶段、2007—2009 年的稳步增长阶段、2010—2013 的激增阶段,理论和实践研究

---

① 　王林廷.高校图书馆建立学科馆员制度论略[J].情报资料工作,2004(2):54.

并重,从学科馆员制度、学科服务内容和模式研究转向学科服务平台建设、学科服务评价和学科嵌入与挖掘服务。

学科服务是一项图书馆主动参与式的信息服务,依托于用户需求,对馆员的信息素养和专业素质有较高的要求。一般情况下,根据专业背景的要求,一个"学科馆员"负责一个院系的工作,从专业上加强图书馆与学术单位的合作,探讨一种图书馆信息资源主动参与和支持学校学科建设和发展规划的模式。

学科服务由于服务的出发点不同,在服务模式上也与传统的图书馆服务有所区别。(见图1-9)

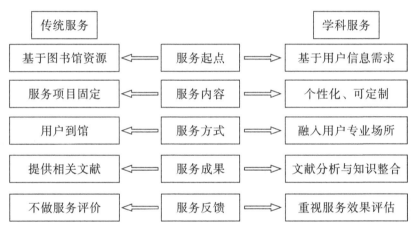

图1-9　学科服务与传统服务的区别

学科服务的性质是搭建图书馆的专业资源与院系的专业学科之间的桥梁,使得专业学科建设有信息资源所依托,信息资源有学术研究所利用,做到优化图书馆信息资源环境,提升用户信息获取和利用的能力,发挥图书馆对教学科研的信息保障和资源支撑。因此这种高层次的服务对学科馆员的工作能力要求也较高,学科馆员不仅要作为图书馆与院系的联络员,还要参与到用户科研的过程、用户信息素养培训等任务中去,承担起学科化、知识化信息服务,在提供学科信息、开发学科馆藏的基础工作之上,甚至可以对学科教学规划、课程设置以及师生信息能力的培养等工作提出可行化建议。

学科馆员首先要有图书馆馆员的信息咨询服务能力,其次要具有专业的学科知识结构和学科知识储备,在深化学科服务过程中提升检索能力、科研能力、沟通能力、判断能力、分析能力等综合素质水平,加强对用户信息需求的理解程度和学科服务的深度。

因为"人的认知结构和认知能力将左右其对信息的接受、编码、存取和使用的程度"①。学科服务是以满足用户个性化需求为目标的,提交的知识产品产生的作用受到用户自身知识结构、认知心理以及经验等因素的影响。学科馆员"在针对具体院系开展学科化服务的过程中,应该主动提供科研项目的参与式服务,提供科研人员研究方向的专题报告,要对学校学科发展有一定的了解,开展重点学科知识集成整合服务"②。

学科服务一开始就不能脱离服务用户而单方面进行,它不仅要结合学科用户的信息需求,针对用户研究方向或科研项目内容因时因地制定服务对策,还要了解用户的学科成长背景和认知结构,建立用户认知和个人信息资源系统。

用户的学科知识背景决定了学科馆员提供的信息资源选择的专业准确性,用户的学科知识结构影响了专业信息资源选择的深度。用户对知识的理解和认知也是影响学科服务是否满足用户信息需求的一个重要因素,因为,对学科馆员提供的信息产品,不同用户会根据自身的知识含量去抽取自认为有用的信息,从而产生不同的学科服务质量理解,如同一千个人眼中有一千个哈姆雷特,同样的信息服务产品也会有不同的认知和利用价值。

总之,用户认知与学科服务具有密切的联系:一方面,用户认知制约着学科服务,"用户自身的认知过程是用户进行信息感知、吸收和利用的根本内因,信息服务是促进用户进行信息感知、吸收和利用的外部条件,其效果必须通过用户自身的认知过程才能起到作用"③。另一方面,学科服务影响用户知识结构的

① 李亚梅.基于用户认知的学科服务可视化研究[J].图书馆学研究,2015(6):74.
② 李洪莲.高校图书馆学科化服务的现状调研与分析[J].图书馆学刊,2013(8):106.
③ 孙瑞英,蒋永福.基于用户认知心理过程规律的信息服务研究[J].图书馆建设,2014(2):80.

重构。用户接受信息,并对信息进行加工,使之与用户原有知识结构发生对接。一般情况下,用户首先接受与其原有知识结构相同或相似的信息,但当外来新信息与原有知识结构中的观念体系不一致时,外来信息就可能改变甚至重组原有的知识结构,使原有知识结构适应信息客体的性质和要求。①

同时应该看到,学科服务是学科馆员与用户互动交流的过程,用户提出信息需求,学科馆员依托图书馆内外信息来源、自身信息素养和专业知识储备,对需求进行资源检索和信息整合,根据用户的学科学术背景进行知识产品构建;用户接收知识产品,并对其对需求的满意度进行评估,其中用户的知识结构和知识认知水平起到决定性作用,然后反馈给学科馆员,修正或提出新的信息需求,进行再一轮的学科服务,直至信息需求得到有效满足。(见图1-10)

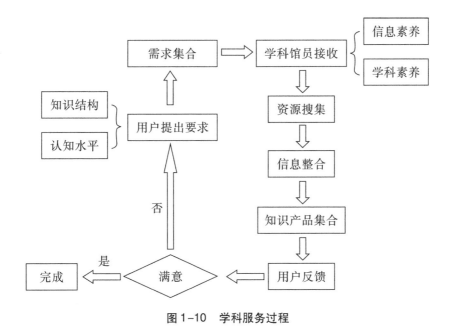

图1-10　学科服务过程

①　胡磊.论信息服务交互的用户信息行为理论基础[J].情报理论与实践,2010,33(3):46-49.

二、基于用户认知的学科服务评价

学科服务评价是指通过制定科学、合理的评价指标体系,参考用户反馈信息,结合使用定性或定量的评价方法,对学科服务完成情况和服务质量进行考核和评估,并根据评价结果对学科服务进行改进,提高图书馆学科服务水平,实现图书馆服务高效优质的目标。

学科服务追求的是服务的质量和效果,是用户对提供的信息产品符合信息需求的认可,是服务过程能够体现服务的价值,不仅仅是服务产品的高质量呈现,还有与用户顺畅的沟通交流以及参与式服务模式对服务工作的有效促进。因此,学科服务质量评价是学科服务重要的一个环节,是不断改进和完善学科服务的基本依据,也是探索学科馆员参与用户学科发展路径、优化服务模式的重要因素。

在学科服务评价中,需要综合运用定性与定量的方法,遵循评价指标的科学性、指标的可行性与可操作性、服务主客体共同评价等原则,全面考察专业特征、程序过程、馆藏资源、学科馆员行为、用户反馈等因素,对学科服务客观、公正地进行评价。

学科服务评价的对象虽然是学科馆员提供的信息服务产品,但"服务效能的评价主要应以用户为中心,以'用户满意度'的数据为基础,客观、真实地反映服务水准"[①]。所以需要评价的内容重点应该放在从用户的角度对服务的资源来源、覆盖范围、学科馆员信息素质和工作能力、专业化和个性化、服务特征和服务成效等方面进行全方位考核。采取用户评价为主,学科馆员自我评价、学科馆员团队互相评价、图书馆领导项目测评等为辅的评价方式。

在评价过程中有一些客观性指标,如信息资源专业体系建设、信息资源获取渠道和方式、学科分析的方法和工具等提供了学科服务的基础,反映了学科服务的数据支持和技术支撑,是相对可确定性的评价内容。而一些主观性指标,如学科馆员的信息素养、沟通能力、学科知识、用户认知等,是影响学科服务

---

① 赵洪林.图书馆学科化服务评价与反馈机制[J].图书馆学刊,2013(3):85.

评价的全面性、准确性和公正性的变数因素。

学科服务的效果因为用户信息需求、信息选择、信息利用行为的特质以及学科馆员的自身能力和知识水平、用户认知能力和环境因素等方面的影响具有一定的主观性、选择性和动态性。

首先在信息需求的提出阶段,用户根据学科建设或科研目的,提出具体要求,其中明确表达的浅层次要求如同露出水面的冰山,容易被学科馆员接收到,而深层次暗含的需求和潜在的需求如同隐藏在水面下的冰山,可能用户和学科馆员当时都未必能意识到,这需要在服务过程中不断地发现和挖掘,而深层需求的开发与服务双方的学科水平、信息能力紧密相关。

在信息产品产出阶段,学科馆员根据自己的知识储备和工作解析进行相应信息资源的搜集(包括信息来源渠道的选择、检索工具和技术手段的使用、检索策略的构建与确定、专业数据的获取与分析、资源准确与全面性的判断等),在此过程中,学科馆员的自身能力和学科知识起着关键性作用。

在信息产品反馈阶段,用户学科背景、科研环境、学术成长经历、学科认知能力等因素影响了信息产品核心价值的主观性判断,也决定了对信息产品中隐藏资源的发现和利用,以及深层次信息需求的产生和激发。

当用户对信息产品的反馈产生新的信息需求的时候,学科服务开始进入符合学科信息发现和发展逻辑的良性循环之中,这种基于逻辑获取的认知学科服务可以挖掘用户潜在的信息需求、激发用户已有知识结构的重组,更加体现了"以用户为中心"的图书馆服务理念。

在学科服务评价中,评估的内容已经由客观的注重设备建设、资金投入等方面逐渐转移到对用户的主观期望上来。相对于图书馆馆藏资源、设备环境保障、学科馆员服务能力、服务效果、个性化服务方式等相关指标,用户对服务过程和成果的满意度是至关重要的考察因素。

从提高用户参与度、增强评估指标实用性的方面着手,通过用户感知的服务质量水平与用户可接受的最低服务水平、用户期待的理想服务水平的反馈,测度学科服务达到的结果以及需要企及的目标。通过了解用户对于学科服务的感知和期望,发现不足和需要提高之处,从用户的满意度出发,提出增益建议,调整应对策略,提升服务效率及质量。

通过用户认知活动与学科服务之间的联系,剖析用户的心理感受和认知需求,"通过信息的析取和重组来形成恰好符合需要的知识产品,并能够对知识产品的质量进行评价,因此又称为基于逻辑获取的服务"①。同时根据知识产品对用户认知的影响和激发评价服务质量。

这种基于用户认知的学科服务评价指标来源于用户认知心理和服务需求对服务质量的影响因素选择。用户所需要的是自己的需求能得到全面满足,知识产品能对自身的知识结构进行匹配和重构。所以找准影响学科服务能力的因素作为切入点,建立多层次、多维度的学科服务能力评价指标体系,讨论和评价学科服务过程及学科服务能力,相对于学科服务本身更具有挑战性。

第四节　信息可视化技术在学科服务中的应用

一、信息可视化的需求支撑

在网络极速发展、信息技术手段日新月异的信息社会,信息量呈现指数级增长的趋势,全球数据量大约每两年翻一番,这种数据增长规律类似于电子领域的摩尔定律。

1965 年,英特尔创始人之一、名誉董事长戈登·摩尔(Gordon Moore)经过长期观察,发现集成电路上可以容纳的晶体管数目大约每经过 18 个月便会增加一倍,即处理器的性能每隔两年翻一倍。摩尔根据上述经验总结提出摩尔定律,或称摩尔法则,虽然并非自然科学定律,只是一种分析预测,但它从侧面反

---

① 张晓林.走向知识服务:寻找新世纪图书情报工作的生长点[J].中国图书馆学报,
2000(5):34.

映了计算机存储器和处理机能力的发展速度和发展趋势,从一定程度揭示了电子信息技术进步的规律。

摩尔定律提出之后,在大型集成电路芯片、微处理器芯片、磁盘驱动器、系统软件等存储容量的开发成果以及功能、价格的发展趋势上都得到了验证。尤其是电子器件存储容量按照摩尔定律的速度呈指数增长,软件系统的规模和复杂性的增长速度甚至超过了摩尔定律。

随着互联网技术进入普通家庭,信息生产成本下降、数据生成种类增加和数据存储能力的增长,最终导致了全球数据增速符合"大数据摩尔定律"。根据IBM 公司估算,人类自有史以来至 2003 年所创造的信息量为 5 EB,而到 2011年,人类每两天就能产生 5 EB 的信息量。根据国际权威机构 Statista 的统计,全球数据量在 2019 年达到 41 ZB。[①]

根据国际数据公司(International Data Corporation,简称 IDC)统计显示,2016—2020 年全球的数据每年以多于 20% 的增速产生。(见图 1-11)预计到2025 年,全球数据量将比 2016 年的 16.1 ZB 增加近十倍,达到 163 ZB。

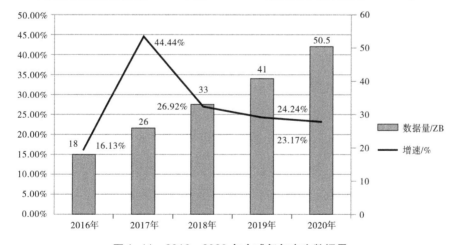

图 1-11　2016—2020 年全球每年产生数据量

① EB、ZB 均为电子信息数据存储单位,最小的电子信息数据存储单位为 Byte,按照进率 1024(2^{10}),其余依次为 KB、MB、GB、TB、PB、EB、ZB、YB、DB、NB 等,其中 ZB 即十万亿亿字节,1 ZB=1024 EB =2^{70} Bytes。

我们进入了大数据时代,数据信息通过一部部终端和一个个应用软件,被广泛应用于各行各业,为我们带来更便捷的生活、更宽阔的视野。随着人工智能的超速发展,研究成果进入在线快速分享渠道,研究人员从及时更新的便利资源中获益,并对在线数据的海量产生做出贡献。但是在数据信息的洪流里,如何不被信息噪声干扰,快速发现有用信息、直观了解大量数据反映的实质内容,是一个在现实中随时遇到并迫切需要解决的问题。

在对信息的呈现和描述上,对文本可根据不同加工水平的文本表征(文本形式和内容)和情境表征(文本情境)进行理解,面对数据可根据各个属性值以多维数据的形式表示。大量的数据集构成数据图像,从图像表征对数据进行更深入的观察、分析和揭示。

人们常说字不如表,表不如图,图不如动态景画。人对图形的感受比对文字和数字更敏感。在大数据环境下,可视化图表将强大的信息含量,用直观的方式呈现出来,既有数据现实内容,又有趋势隐含信息,是处于海量信息包围的用户快速了解和掌握现有信息的有效手段。

人的创造性不仅取决于逻辑思维,在相当程度上还取决于形象思维。将表面上看似杂乱无章的海量数据通过可视化成为图形或图像,能更好地激发人的形象思维,从中找出隐藏的规律,或有可喜的发现。

信息可视化是大量信息用户迫切需求的对大数据直观处理的支撑技术。信息可视化就是运用计算机图形学和图像处理技术,将数据换为图形或图像显示出来,并利用数据分析和开发工具发现其中未知信息的处理过程。信息可视化技术结合人的认知生理和认知心理,将信息以直观的图形或图像表现出来,揭示其蕴含的强大的内在信息,可以大大拓展我们的视野。

信息可视化技术主要功能是将分析结果更加清晰地展现出来,通过有效组织数据提出或引导利于项目进行的新的方向和计划。因为信息可视化技术有着用户需求,从而具有极大的发展动力,不同行业功用的信息可视化技术手段和应用软件纷纷研发和投入使用。

在可视化呈现的形式上,可以分为柱状图、条形图、饼状图、拆线图、散点图、时间序列图、关系图、雷达图、词云等数据分析二维图表,还有通过作用旋转、缩放等功能,增加维度,显示数据之间的交互性三维数据分析图,以及一些反映数据变化的动图。立体直观的可视化图表越来越受用户欢迎,在科研和生活中已普遍使用。

在可视化工具的开发上,最普遍使用的方法是嵌入各种办公软件,如 Excel 所有内置图形、背景图、条件格式等图形库的设计,这是最基础的可视化技术的应用。当然还有一些复杂专用的可视化工具,如最流行的 Tableau Public,它支持各种图表、图形、地图和其他图形,因为是免费公用的平台,用户可以在线使用、创建和公开分享数据可视化成果,其拥有世界各地一百多万创建者制作的数百万个互动式数据可视化,是全球范围内规模极大的数据可视化资源库。

国外的可视化工具开发较早并有诸多成果,国内的软件开发也是奋起直追,除了国外软件根据中国具体需求的汉化之外,国内软件在可视化技术上也有所突破和发展。其中由百度开源的 ECharts 可以说是国内可视化领域的领军者,它是一个纯 Javascript 图表库,提供可交互、可切换、可堆叠、可联动、可个性化定制等多特性效果的数据可视化图表,支持各种 3D 图表渲染,并且提供了小程序、无障碍访问等支持。

Smartbi 作为成熟的大数据分析平台,在报表、数据挖掘等方面具有业务友好性,具备可复用、动静结合的独特的展示效果,使得数据可视化灵活强大,动静皆宜,为广大用户提供了无限的应用能力和想象空间。

可视化技术因有用户强烈的需求而有研发动力,因有巨大的数据信息支撑而有研发基础,因有良好的应用效果而有广阔的研发前景。可视化工具的使用既是对人类信息认知道路上的顺应之举,也是对人类认知活动的发展和促进。

二、信息可视化的认知理论支撑

从生理学角度分析,光作用于视觉器官,使其感受细胞兴奋,其信息经视神经传入大脑视觉系统后便产生视觉(vision),视觉是人最重要的感觉。根据美国哈佛商学院有关研究人员的研究资料,人类每天通过五种感官接收外部信息的比例分别为:味觉1%,触觉1.5%,嗅觉3.5%,听觉11%,视觉83%。

视觉是光通过折光系统在视网膜上成像,对所看到事物的色泽、外观等特征的信息接收,而看见是视的延伸,是对视的结果的分辨与感知,可以称为视觉认知或视知觉。视知觉是从眼球接收器官接收到视觉刺激后,经神经传导到大脑的接收和辨识的过程。视知觉是信息获取的主要渠道,视觉信息的准确接收、正确加工和解码是大脑进行高效认知加工的基础,体现了视觉在感知客观对象时在心智上的反应功能。

在视知觉的构成中,视觉注意力影响的是信息的采样和接收,视觉记忆影响的是信息的存储和传输,图形区辨影响的是信息的选择和辨别,视觉想象影响的是信息的理解和感知。视知觉能力是有阶层和差异性的,对于同样信息的感知才会呈现不同的效率和结果。

从信息传输理论来看,人们注重的是在干扰环境影响下如何有效、可靠、安全地把信号从一个目标点传送到另一个目标点,而在这一过程中,与人类感观对应的每种传输通道的信息传递接收效率是不同的。一方面,通过图像变化传递信息的视觉感应方式更能引起信息受众的新鲜感和兴趣,以此提高视知觉对信息的传递和接收程度;另一方面,人们在对信息内容的接收速度上,图像要优于文字描述。人脑在识别视觉信息时,要在视觉皮层把信息分别以内容和空间方式有效处理,从而得到充分的了解。图像在多维空间展示信息内容上比纯文字表述更具优势,所以信息的图像化传递有助于加深大脑对信息的充分理解。

在信息内化上,人们对图像传达出的信息内容和通过文字对图像表述出来的信息内容在理解上因人而异,意思可能会区别很大,甚至会理解出完全相反的含义。即使对文字和图像的内容信息理解一致,人们对图像所展现的信息内容的印象会更深刻更长久。

人的大脑在处理信息时,左脑主要从事逻辑思维、语言判断等,将信息进行词汇化处理,五感也要变成语言才能传达出去,思维方式理性、连续,信息加工时间较长。而右脑主要从事形象思维、直觉想象等,将信息进行图像化处理,思维方式感性、跳跃,信息加工非常迅速。右脑对非语言性的视觉图像的感知和分析占有优势,人们利用右脑的图像记忆功能,加以培训,就会实现对图像阅读的高速记忆效果。

人类对图像的认知速度及接受度要远远大于文字。有一种称为图形视觉记忆法(visual mnemonics)的提高记忆效率的方法,就是将图像和要记忆的文字或事物从发音或意念上建立某种联系,将文字、数字、英文单词等材料,转化为形象具体的图像来进行记忆,从而达到见图不见字的高级阅读阶段。

德国生物学家赫尔曼·冯·亥姆霍兹(Hermann von Helmholtz)研究了音色、听觉理论,认为来自感觉的不充分信息可因无意识推论而得到增强,这种范式称为结构主义范式。根据结构主义理论观点,情景信息可帮助视觉刺激进行推理,而"作为知觉因素之一,当前动机和情绪状态可影响人的知觉假设,进而影响视知觉"[①]。所以视知觉除了与外部环境有关系,又与人的内在心理和情绪有密切的关系。

有研究表明,右脑的存储量是左脑的 100 万倍,但是人们的日常学习培训的多是逻辑思维,人们也是习惯于理性思维多于感性思维,右脑的功能尚且不能得到充分开发,又闲置了巨大的存储量,所以右脑的开发潜力和功能挖掘有着深远的前景。

已知人的直观能力、创造能力与右脑有更大的关系,情绪反应更是处于右脑的控制之下。因此我们应该看到左右大脑开发程度不一致的个人会具有不同的视知觉能力,例如,面对同样的事物,受理科守恒性思维学习训练多年的人常常理性分析、逻辑推理;受文科推进演化性思维训练多年的人则会思维扩散、感性判断。虽然不同的视知觉看到了事物的不同侧面,是对事物感知的相互补充,但是右脑具有的直觉性、想象力,增加了透过事物表面,挖掘出隐含在深层的大量信息的可能性,而这种可能性是创造力的积累和来源。

我们更应该意识到右脑管控的潜意识、直觉、直观、想象、情感、情绪等心理

---

① 艾森克,基恩.认知心理学:第 4 版[M].高定国,肖晓云,译.上海:华东师范大学出版社,2003:79.

状态对于人类信息处理和认知的影响。当个体受到某种刺激时会产生一种应激心理状态,反映了人的生理及社会需要是否得到相应满足的情况。情绪情感等心理活动对认知活动具有组织调整的作用,一般来说,积极的正面情绪,如愉快、兴奋等,对认知活动起协调、激发、促进的作用,而消极负面情绪,如忧虑、烦躁等,则会阻碍、延缓或瓦解认知活动的正常进行。

20 世纪上半叶,美国社会心理学家库尔特·卢因(Kurt Lewin)提出一种人类行为模式,该模式认为,人类的行为受个人内在因素和外部环境因素的影响和制约。即 $B = F(P—P_1, P_2, \cdots, Pn; E—E_1, E_2, \cdots, En)$,其中,$B$(behavior)代表个人的行为;$P$(personal)代表个人的内在条件和内在特征;$P_1, P_2, \cdots, P_n$ 表示构成内在条件的各种生理和心理因素,如生理需要、生理特征、能力、气质、性格、态度等;E(environment)表示个人所处的外部环境;$E_1, E_2, \cdots, E_n$ 表示构成环境的各种因素,如自然环境、社会环境等。人类的行为方式、指向和强度,都是个人与环境相互作用的产物。

美国心理学家耶克斯(R. M. Yerkes)与多德森(J. D. Dodson)通过动物实验研究归纳出一种法则,用以揭示动机(压力)强度和工作效率之间的关系,称为耶克斯—多德森定律(也称叶克斯—道森定律)。该定律总结出个体智力活动的效率与其相应的动机(压力)水平之间并非线性函数关系,而是表现为一种倒"U"型曲线,即随着动机(压力)水平的增加,个体积极性、主动性以及意志力也会随之增强,促进工作效率的提升,当动机(压力)水平为中等时,能力发挥的效率最高;但当动机(压力)水平超过了一定限度时,过强的焦虑就会对工作的进行产生阻碍作用。可以说过度地追求目标,反而可能有损于行动和效率,这就是所谓的过犹不及。

人类的生理构造决定了对图像的识别和记忆功能可以带来强大的视知觉效果,而且图像带给人的观感能调动比文字更多的情绪波动和心理活跃度,从而刺激人类感知、思维和决策等一系列的认知行为和活动。

三、信息可视化的研究基础和技术工具支撑

虽然计算机用于科学计算和数据处理已有半个世纪的历史,但是在数据的

直观、形象的表现方面还存在诸多问题。随着计算机图形学的发展,三维表现技术得以形成,并在各工程和计算机领域得到了广泛的应用和发展。这些三维表现技术能够用计算机仿真模拟现实物体的三维形体和交互式视景处理,从而获取复杂的信息、揭示或发挥自己创造性的思维,这种技术就是可视化(visualization)技术。

1987年2月,美国国家科学基金会在华盛顿召开,可视化的概念在研讨会上被提出。这种利用计算机图形学和图像处理技术,将数据转换成图形或图像并进行交互处理的理论、方法和技术一经提出就受到广泛关注。可视化主要研究的方向包括科学计算可视化(也称科学可视化)、数据可视化和信息可视化。可视化分析软件的开发成为可视化研究的热点,可视化分析工具的应用在文献计量、数据分析中逐渐占有一席之地。

科学计算可视化是将图形和图像技术应用于大型的科学计算需求,通常是基于物理空间场或空间结构的科学数据的交互式视觉呈现以加强认知,如天文气象、流体力学、地质勘探等有关领域的科学计算结果数据的可视化。有条件的国家纷纷建设超级计算中心,在超级计算机、光纤网、高档工作站的环境中对气象云图分析、天体轨道演示、医学图像处理、流体力学分析等计算结果进行实时可视化显示及处理跟踪,且一并研究开发科学计算过程的交互控制技术,对计算过程和可视化操作进行控制和引导,使科学计算的工具和环境进一步现代化和智能化。

数据可视化是关于数据视觉表现形式的科学技术手段,一般是对非物理空间场的数据可视化显现,如将经济、金融、通信和商业等领域的数值对应到二维或三维图像中,通过建模对数据属性的可视化动态表达显示,帮助人们管理、利用、解释和认知这些数据及其规律。

数据可视化技术的基本思想,是将每一个数据作为图像的一个像素,大量的数据集合就构成数据图像,同时将数据集合的各个属性值以多维数据的形式展开表示,可以从不同的维度观察数据特征,如常见的股票走势k线图、各种财务数据分析图示和经营数据趋势图等。

数据可视化与科学计算可视化在技术体现上原理相同,只是数据来源主体有所区别,但是在实际应用中,可以认为科学计算可视化的数据只是数据可视化处理数据的一部分,即数据可视化是对包括科学计算数据、概念数据等的可视化。

信息可视化(information visualization)是一个跨学科领域,旨在研究大规模非数值型信息资源的视觉呈现(如软件系统之中众多的文件、程序内部数据结构与代码或者大规模并行程序的踪迹信息等)。通过利用图形图像方面的技术与方法,帮助人们理解和分析数据。与科学可视化相比,信息可视化则侧重于抽象数据集。通过可视化,信息变成了可用眼睛来接收和探索的信息地图,当人们被信息堆积填充的世界包围时,信息地图非常实用,不至于迷失在信息中,又能准确迅速达成目标,这也是信息可视化的优势所在。

信息可视化致力于创建那些以直观方式传达抽象信息的手段和方法,侧重于处理以树状结构或图形展示的抽象数据,应用于广泛可及的环境,可利用普通工作站、PC 机等非昂贵高端的计算设备,是种普及性强的专业化技术。

信息可视化利用人类的视觉能力,挑战人类固有的知觉能力,通过抽象信息的图形化,从而加强人类对日益增多的数据的驾驭能力和人类对信息转化的认知能力。

随着网络技术日益增强、大数据时代的到来、图形生成及图像处理技术的迅猛发展并日益成熟,信息可视化需求见增,直观、形象显示海量数据和信息数据的可视化技术工具在信息检索和利用方面的研究也是日渐增长,研究热度和用户关注度都很高。

(一)可视化的研究趋势

利用中国知网(CNKI)知识元检索中的指数搜索,检索关键词"可视化"从2011 年至 2020 年 10 年间的中文相关文献的学术关注度、媒体关注度、学术传播度等三个维度指标的年度发文趋势分析(检索时间 2021 年 7 月 18 日)。其中学术关注度是篇名包含此关键词的文献发文量趋势统计,媒体关注度是篇名包含此关键词的报纸文献发文量趋势统计,学术传播度是篇名包含此关键词的文献被引量趋势统计。上述三个指标的数据趋势图反映了相关检索主题在学术研究上的科研脉络和影响度。相关"可视化"研究主题的学术关注度、媒体关注度、学术传播度等趋势见图1-12至图1-14。

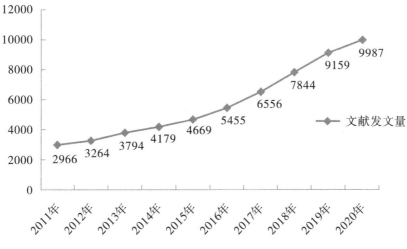

图1-12　"可视化"研究主题的学术关注度

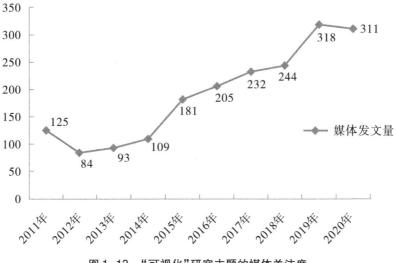

图1-13　"可视化"研究主题的媒体关注度

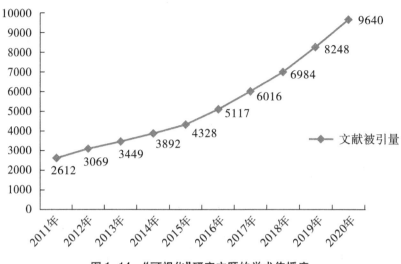

图 1-14　"可视化"研究主题的学术传播度

从图 1-12 至图 1-14 可以看出，自 2011 年以来，"可视化"的相关研究文献发表数量和文献被引数量都呈现上升趋势，说明研究学者对"可视化"主题投入了较高的关注和研究力量。

利用万方数据知识服务平台，在"题名或关键词"字段检索"可视化"，对 2011 年至 2020 年 10 年间的期刊发文、学位论文和会议论文的检索结果集合进行关键词聚类和资源类型可视化分析，具体见图 1-15、图 1-16。

可视化管理　可视化系统

三维重建　　BIM　　地理信息系统　数据挖掘

三维建模　　CiteSpace　　　　　　　　　软件设计

可视化 知识图谱 可视化技术

大数据　　　　　可视化　文献计量　知识可视化

研究热点

文献计量学　三维可视化　可视化分析　虚拟现实

思维导图　GIS　数据可视化

信息可视化　应用　数据新闻

BIM技术　软件开发

CiteSpace

图 1-15　"可视化"研究主题分布

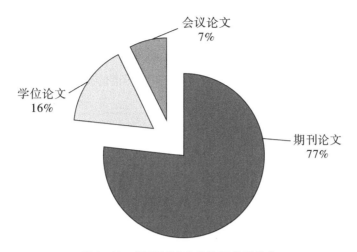

图 1-16　"可视化"文献资源类型分布

从图 1-15 至图 1-16 可以看出,可视化研究的主体类型是期刊论文,文献集中在"可视化分析""三维可视化""知识图谱""数据可视化""信息可视化"等研究主题,清晰展示了"可视化"研究的词族组成和主题分布。

为了解"可视化"在图书馆方面的研究状况,在"题名或关键词"字段中检索"可视化"和"图书馆",对 2011 年至 2020 年 10 年间的期刊发文、学位论文和会议论文的检索结果集合进行关键词聚类,展示"可视化"在图书馆应用的研究主题分布,具体见图 1-17。

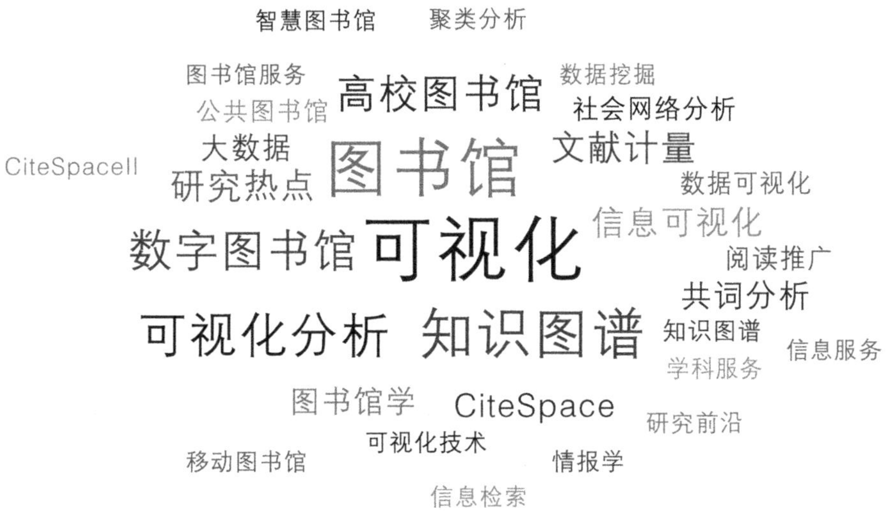

智慧图书馆　　聚类分析

图书馆服务　高校图书馆　数据挖掘
公共图书馆　　　　社会网络分析
CiteSpaceⅡ　大数据　图书馆　文献计量
研究热点　　　　　　　　　数据可视化
数字图书馆　可视化　信息可视化
阅读推广
可视化分析　知识图谱　共词分析
知识图谱　信息服务
学科服务
图书馆学　CiteSpace　研究前沿
可视化技术
移动图书馆　　　情报学
信息检索

图 1-17　"可视化"在图书馆应用的研究主题分布

从图 1-17 中可见，在图书馆学科中，对可视化的研究集中在"知识图谱""可视化分析""数字图书馆""CiteSpace""文献计量""研究热点"等主题。概括而言，可视化工具在数字图书馆的应用、知识图谱的构建、研究热点的分析等方面得到了较多的关注。

（二）可视化的研究热点

利用中国知网"学术热点"，按检索词"信息可视化"和"可视化技术"搜索热点主题（检索时间 2021 年 7 月 18 日），得出"信息可视化""可视化""可视化技术"是目前计算机软件及计算机应用领域的研究热点主题（热点检索结果是对中国知网当前收录的前 4 万篇文献分组，取前 60 个分组词的排序），主要知识点除了可视化还多见信息树、模型构建、数据挖掘、人机交互等内容。（见表 1-2）

表 1-2　信息可视化研究热点主题

热点主题	主要知识点	主题所属学科名称	热度值（↓）	主要文献数	相关国家课题数	主要研究人员数	主要研究机构数
信息可视化；可视化；可视化技术	信息可视化；可视化技术；可视化；科学可视化；数字图书馆；网络信息计量学；信息管理；实验室资源；信息树；可视化模型；数据挖掘；数据可视化；电子商务系统；应用；高校用户教育；信息检索；模型；信息构建；检索模型；人机交互	计算机软件及计算机应用	★★★★	79	6	109	62

利用中国知网"学术热点"，按检索词"信息可视化"或"可视化技术"搜索主要知识点（检索时间 2021 年 7 月 18 日），得出"信息可视化"或"可视化技术"在包含计算机软件及计算机应用、公路与水路运输、图书情报与数字图书

馆、科学研究管理等多个学科领域被广泛研究（知识点检索结果是对中国知网当前收录的前 4 万篇文献分组，取前 60 个分组词的排序）。（见表1-3）

表1-3 信息可视化研究知识点

序号	热点主题	主要知识点	主题所属学科名称	热度值（↓）	主要文献数	相关国家课题数	主要研究人员数	主要研究机构数
1	信息可视化；可视化；可视化技术	信息可视化；可视化技术；可视化；科学可视化；数字图书馆；网络信息计量学；信息管理；实验室资源；信息树；可视化模型；数据挖掘；数据可视化；电子商务系统；应用；高校用户教育；信息检索；模型；信息构建；检索模型；人机交互	计算机软件及计算机应用	★★★★	79	6	109	62
2	公路隧道；公路隧道通风；照明设计	公路隧道；公路隧道通风；照明设计；全射流通风；通风方式；纵向通风；全射流纵向通风；平纵线形；城市公路隧道；工程可视化技术；特长公路隧道；改良剂；高速公路；吹填土；承载系数；采动影响；评价；设计；火灾自动报警；煤矿采空区	公路与水路运输	★★★	65	3	110	50
3	科学计量学；网络信息计量学；信息计量学	科学计量学；网络信息计量学；文献计量学；信息计量学；赵红州；普赖斯；网络链接；网络信息资源；科研评价；搜索引擎；科学计量学家；科学技术观；信息可视化；中国科学院院士；科学评价；网络计量学；基因治疗；科学合作；计量学	图书情报与数字图书馆；科学研究管理	★★	64	4	51	37

续表 1-3

序号	热点主题	主要知识点	主题所属学科名称	热度值（↓）	主要文献数	相关国家课题数	主要研究人员数	主要研究机构数
4	opengl;三维地形;三维地质建模	opengl;三维地形;三维地质建模;三维图形;三维可视化;纹理映射;三维建模;三维地形模型;mfc;三维模型;可视化;vc++;城市地质;虚拟现实;dem;可视化技术;真实感图形;vc;数字地面模型;非税收入	计算机软件及计算机应用	★★	230	9	459	169
5	信息检索;检索工具;搜索引擎	信息检索;检索工具;搜索引擎;internet;网络检索;网络信息;信息检索系统;多媒体;信息资源;因特网;信息检索模型;专利;网络信息检索;检索效果;可视化技术;文本挖掘;检索;跨库检索;网络信息资源;文献检索	图书情报与数字图书馆	★★	317	16	400	207
6	服装 cad;服装纸样;三维服装	服装 cad;服装纸样;三维服装;款式设计;服装企业;三维人体模型;人体建模;推广;策略;服装;人体特征;碰撞检测;市场;教学改革;计算机应用;双目视觉;3d-2d;自由曲线;可视化技术;高职院校	轻工业手工业	★★	53	7	89	35

（三）可视化的研究基础

在中国知网"文献检索"中的高级检索界面,选择全库文献范围,在主题字段,输入检索词"信息可视化""可视化技术",检索词间布尔逻辑关系为"或",限定时间范围 >= "1990"（检索时间 2021 年 7 月 18 日）,共检出相关发文 9.40 万篇,其中学术期刊 3.88 万篇,学位论文 2.35 万篇,专利 2.67 万篇,会议论文 0.20 万篇,其他文献种类相对较少。总体上说,高校是研究机构中的主力军,基础研究和应用研究都有一定的成果,而且 2011 年以后,文献的数量增长迅速。

(具体见图 1-18、图 1-19)

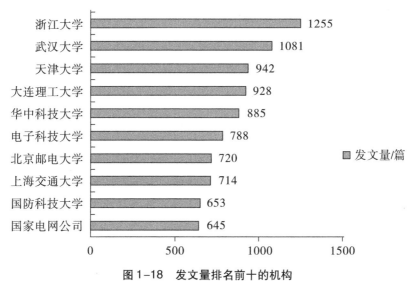

图 1-18　发文量排名前十的机构

年度发文趋势

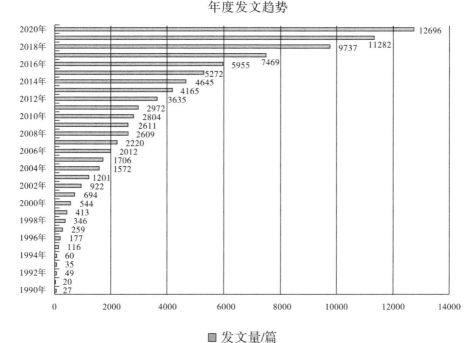

■ 发文量/篇

图 1-19　可视化研究总体趋势分析

从图 1-12 至图 1-19 和表 1-2、表 1-3 可以看出："信息可视化"和"可视化技术"具有一定的研究基础和较高的研究热度,并且研究范围和研究主题仍在拓展,整体尚还处于上升的研究趋势之中。

上述数据来源于中国知网全文数据库,中国知网是世界上中文信息量规模最大的全文数据库,是集期刊、博硕士论文、会议论文、报纸、工具书、年鉴、专利、成果、标准、国学等资源为一体的综合学科种类的网络出版平台。收录的中文文献类型和文献种类齐全,更新迅速,已做到每日同步更新。同时,数据库平台还收录 IEEE、SCIRP、SPIE、IACSIT 等国内外知名组织或学术机构主办或承办的国际会议论文、包含美日英德法等国的专利文献,并且与 springer、Wiley、Taylor&Francis 等外文数据库合作,可以检索外文文献并提供检索结果的题录信息。外文文献补充了中国知网的信息含量,因其广泛的学术类目覆盖、丰富的信息资源集合及强大的检索功能和数据分析支撑,中国知网能较为全面地反映中国学者的研究状况和学科研究趋势。

信息可视化技术让用户在大数据的包围中能够对已有资源进行快速澄清和梳理,对大数据统计的直观分析工具在各个领域的科学研究和社会生活中都有实践,这种既激发视觉感观又生动的信息展示和传播方式,提高了信息的接收效率,受到广大用户的欢迎。

四、信息可视化技术对学科服务的推动作用

可视化技术在大数据信息的检索和分析上具有十分广泛的应用,信息检索的可视化呈现,借用冰山理论来说明,即如果单纯的数据只是呈现信息的三分之一,那么通过信息可视化技术,既可表达数据的内涵意义,展现数据演化趋势,也有可能通过视图的直观刺激,有望解读出隐藏在冰山之下的三分之二的信息。

可视化技术能直观显示知识之间相互联系,很快就在学科服务研究领域得到应用。其中构建学科、机构、学者等知识图谱可以查询、推介,并拓展与用户意图相关的信息,从而提高搜索速度和改进搜索质量。

图书馆在面对学科服务用户的信息需求时,首先进行的工作是学科主题分析,包括主题内容、研究要点、学科范围、文献类型及时间范围、研究层次等限定条件,以此明确信息查找的目的与信息产品形式。

在明确信息需求所涉及的学科范围和专业层面,选择收录内容涵盖时间跨度大、数据更新速度快、分析功能强大的检索工具,以保证检索信息集合的全面性。

在检索词的选择上,尽量做到概念明确、术语规范、表述通用、词义充分。在检索式的构造上,关键是对研究内容的深刻理解和准确把握,厘清各检索词之间的逻辑关系,做到字段选择准确、限定条件合理、逻辑关系明晰,以此保证检索结果的全面性和准确性。

从专业数据库中得到检索结果集合只是信息检索的初级阶段,提供的只是信息产品而非知识产品。对于学科服务而言,用户需要的不是一条条的信息记录,而是信息集合所蕴含的潜在的意义。要想呈现满足用户需求的成果,还需要对检索结果进行分析和整合。

而在对检索结果进行分析时数据库提供有多种方式。数据库发展初期,数据相对较少,人们满足于信息的机器获取比人工查找便捷、快速,对信息的保存和管理没有太多要求,都是人工统计用户所需要的年度发文量、单位发文量等简单数据。

随着数据库技术的发展,由专门的文件系统进行数据管理,应用程序与数据之间有了一定的独立性。数据库系统管理技术的应用更是提高了数据的一致性、共享性和完善性,从而进行高效、可靠的数据控制和管理。数据库提供有多种检索途径(前提是在对信息进行加工时做了相应的标引工作),从而产生出多种数据归类集合,也称为检索结果的聚类分析,即对文献的多角度信息揭示。如对检索结果按主题、学科、年度、作者、机构、文献类型等进行数据统计,一般提供的是数字汇总,使用户对结果集合有个大致的发文了解。

先进的技术使得对检索结果的分析指标渐渐增多,不只是对文献本身,还扩展到文献的参考文献以及引用文献的统计分析,数据源越来越多,分析的数据数量越来越大,单纯的汇总数字已不能满足用户对大数据信息的整体把握,而数字也反映不出信息之间复杂的耦合关系。因此,一些大型数据库利用可视化技术提供检索结果的可视化分析视图,反映文献之间的关系解读。

如中国知网可对文献总体发文趋势、主要主题、次要主题、文献来源、学科、作者、机构、基金、文献类型等分布情况进行可视化显示,并且对于文献量≤200篇的文献提供文献互引网络、关键词共现网络、作者合作网络等动态图。

在中国知网的高级检索界面,选择期刊论文、学位论文、会议论文文献范围,在篇名字段,输入检索词"信息可视化""可视化技术",检索词间布尔逻辑关系为"或",限定时间范围="2020"(检索时间 2021 年 7 月 18 日),得出中文检索结果 318 篇,选取检索结果最新发文的前 200 篇文献进行可视化分析,展现文献高频关键词之间的关系网络(其中数字为关键词出现的次数),以及对高发文作者单位之间的合作关系网络(其中数字为该作者在中国知网的总发文量),见图 1-20、图 1-21。

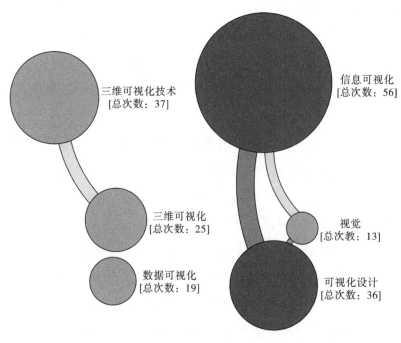

图 1-20　关键词共现网络

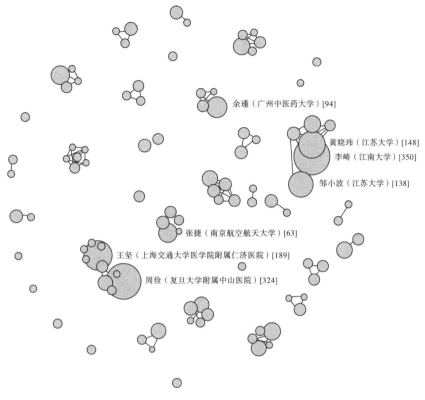

图 1-21　作者合作网络

上述可视化视图中,圆形大小表征的是数量的多少,文献之间有所关联用短线表示,线条越粗表示关联越多。这种展示非常直观地描述出文献之间的引证关系、关键词之间的疏密关系以及作者之间的合作与机构联结,这是单纯的数字数据无法直接表现出的内容。

又如,维普中文期刊服务平台可对一组文献的参考文献和引证文献进行引文产出、引文作者、引文机构等数据分析,从而揭示文献集合的共引文献与引文文献的引文网络。在维普中文期刊服务平台的高级检索界面,在题名字段,输入检索词"信息可视化""可视化技术",检索词间布尔逻辑关系为"或",限定时间范围="2020"(检索时间 2021 年 7 月 18 日),得出中文检索结果 341 篇。对检索结果集合中 2012 年以来的参考文献进行分析,见图 1-22。

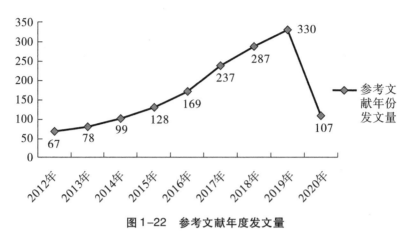

图 1-22　参考文献年度发文量

从图 1-22 可以看出,2020 年度发文的参考文献中,引用年份文献数量随着发文时间的回溯而递减,说明研究学者更喜欢引用最新发表的文献。

用户需要的正是这种从大量数据中分析出来的生动表现文献之间联系的知识产品,可视化技术实现了大数据的分析和展现,推动了学科服务的高质量发展。

第二章
高等院校学科服务开展情况调查研究

第一节　国外学科服务开展现状

20 世纪 50 年代,国外首次出现图书馆学科服务的概念,伴随着学科馆员的设立和工作开展,在研究的时候是将学科服务与学科馆员的工作内容统一并置的,甚至认为是合为一体的工作。

"'学科化服务'这一提法在国外较少述及,但对学科馆员的研究较为深刻。"[①]可大致分为学科馆员业务研究和服务实践应用研究。目前国外对学科馆员的素质要求很高,业务范围拓展到需要融入用户科研、教学和学习活动环境,并提供高质量的知识服务,如美国研究图书馆协会(Association of Research Libraries,简称 ARL) 曾专门发布讨论学科馆员角色定位的特刊 *A Special Issue on Liaison Librarian Roles*,并要求学科馆员开发学术延伸服务,融入学术研究的整个过程;Karen Antell 认为,"学科图书馆员应该关注交叉学科的领域广泛性,并帮助学生和学者获取其他资源"[②];国外对学科馆员的一致观点是:学科馆员不再局限于在图书馆开展服务,工作范围要扩充到服务对象的学术活动区域,

① 杨俊丽."互联网+"背景下图书馆学科化服务的协同创新[J].现代情报,2017,37(2):89.

② ANTELL K. The Citation Landscape of Scholarly Literature in LGBT Studies [J]. College & Research Libraries,2012,73(6):601.

而且学科馆员也不应该仅仅限定于图书馆工作人员,还可以聘任(用)其他学科领域的专业研究人员,丰富学科馆员队伍,扩充学科馆员学术背景,提升学科服务的专业性。

在学科服务实践应用方面,国外学科服务采取了多种方式,与科研、课堂协同频繁。自美国卡内基梅隆大学 1981 年率先推出"Track Service"跟踪服务之后,美国其他学院图书馆也相继推出了"Network Librarian and Free Guide"馆员免费导读服务,并受到了读者和用户的极大欢迎。哈佛大学图书馆推出一系列嵌入式课程服务,如 2002 年启动 OCP 开放馆藏计划(Open Collections Program),构建专题式个性化学术信息系统,以及根据学科特色制作课程指南"Research Guides"或"Course Guides",为教学研究提供课程参考资料。随后,欧洲众多发达国家如英国、德国等的研究型学院图书馆也纷纷支持和推广这种嵌入科研、融入教学的服务模式。

随着时代不断发展,学科馆员和学科服务的概念与内涵逐渐各自清晰和完善,二者不再具有等同的意义。学科馆员作为独立个体,是学科服务一系列活动和行为的行动者和执行者,学科馆员的作用倾向于提供个体服务,是学科服务的一个施行主体,而学科服务则是以用户为核心,以学科馆员作为主体,开展的一系列个性化和专业化的服务行为。

美国的高校图书馆在学科服务方面成果显著,笔者针对学科服务的开展和规划,对美国 8 所著名高校图书馆的学科服务主要工作进行了调研,包括哈佛大学图书馆、伯克利大学图书馆、麻省理工学院图书馆、哥伦比亚大学图书馆、康奈尔大学图书馆、宾夕法尼亚大学图书馆、伊利诺伊大学图书馆、匹兹堡大学图书馆。主要服务内容归纳总结如下。

一、参考咨询和学科服务

各高校图书馆的学科服务在资源推荐、文献管理、信息跟踪、信息评价等基础服务全面推进的同时,也都在服务内容、服务形式及管理上力求创新,根据本校资源建设和用户需求打造具有特色的学科服务模式。对上述美国 8 所著名高校图书馆的学科服务进行的简要总结,见表2-1。

表2-1　美国8所高校图书馆学科服务内容、人员、形式及管理比较

学校名称	学科服务主要内容	学科服务人员	学科服务形式	学科服务管理
哈佛大学图书馆	专题会议咨询、学科领域咨询、主题导航、联想搜索等	①学科专家都具有专业背景和图书管理双重知识;②常规咨询及个性化、专业化的咨询服务;③哈佛法学院每门课程都有指定的学科馆员,为新人、访问学者配备图书馆导引咨询员	查阅FAQ、表单咨询、电话咨询、电子邮件、预约咨询、面对面咨询、学科专家进入相应院系的参考咨询台进行咨询等多种形式	学科馆员组织机制:①服务分成0—4五个等级;②馆员分为研究馆员、学科馆员和院系联络人三类,各自都有不同的工作职责
伯克利大学图书馆	个性化资源推荐、文献管理、信息跟踪等服务栏目	每个学科都配备有学科馆员,他们都有风格统一的个人信息服务主页	常规咨询、预约咨询、学科馆员会参与课程	①用户满意度调查,增加专业图书馆馆员岗位;②员工部署,制定系列策略来教育、留住和招聘具有专业技能且适合未来发展的员工
麻省理工学院图书馆	①通过建立数据管理和出版服务网页,提供各类详细的指南、文档;②提供培训课件和数据管理及出版服务	配备生物科学、工程技术和社会科学等学科领域的多名学科馆员参与数据管理服务	①协助研究人员制订数据管理计划;②与研究人员合作,提供个性化咨询服务	①提高员工的技能,使其与战略方向保持一致;②招募拥有扎实和多样化背景的优秀员工

续表 2-1

学校名称	学科服务主要内容	学科服务人员	学科服务形式	学科服务管理
哥伦比亚大学图书馆	①新技术、分析软件、服务系统或新媒体应用的建议和指导；②建设课程网站，提供在线课程信息资源服务，包括定制内容、精选数字馆藏和交流工具；③数字化研究与学术服务、版权咨询服务、数字社会科学服务、学术交流计划、电子数据服务	学科馆员将新技术和服务嵌入科研和教学、学习信息环境中，提供全方位的服务	①服务台、电话、聊天/即时通信、电子邮件、移动设备咨询、培训预约、邮件咨询等；②研讨班及项目开发工作，根据教师的项目建议书开展，致力于创建灵活的工具和环境研究	①对研究支持和参考服务提供一个全面的评估，评估整个组织的人员配备和服务模式；②确定和实施支持组织机构的咨询模式，以跟踪和处理来自现实与虚拟服务站的用户需求
康奈尔大学图书馆	为教工和学生研究、指导、学术交流提供支撑的学科专家	①学科馆员分地域负责馆藏建设；②按学院或项目预约学科馆员	当面咨询、发邮件（24 小时内回复），或者利用图书馆的移动客户端等方式来提供帮助	①培养具有学科背景和专业知识的学科馆员；②以合作理念发展学科服务，康奈尔大学图书馆与哥伦比亚大学图书馆共享员工，建立了南亚学科的合作
宾夕法尼亚大学图书馆	①对教职员工、本科生和研究生提供完成课题研究、毕业论文撰写、发表论文等相关指导服务；②数据库的基本利用、网上资源的分析与鉴别	①学科馆员负责专题网站建设；②集中数据库、电子期刊、电子图书、搜索引擎/门户网站的专题服务；③学科馆员又是教学联络员，负责为教师和学生提供教学服务	研究咨询，预约咨询，实时咨询，电话咨询，短信咨询，综合型和专题型两种 FAQ 服务等形式	①层级领导以扁平式的组织结构呈现，即自我指导式的团队结构；②"团队"和"团队工作"在图书馆中逐步运用

续表 2-1

学校名称	学科服务主要内容	学科服务人员	学科服务形式	学科服务管理
伊利诺伊大学图书馆	①资源和服务"指南"的一体化设计；②最新指南浏览、流行排序标签浏览等	学科专家、联络馆员、各学院图书馆主管都是学科馆员，负责咨询、学习研究指导	①虚拟参考咨询嵌入用户学习、研究的生命周期；②预约学科馆员，为用户提供评价、反馈等嵌入式教学服务	①设置图书馆评估岗位，专门负责评估指标的制定、用户满意度调查等；②定期或专项培训图书馆员工
匹兹堡大学图书馆	①面向教工、研究生、博士生、大学生、员工、校外用户等针对学科主题进行指示型咨询、即时型咨询、深度咨询等；②建设图书馆培训课件发布与管理平台	①学科馆员深入院系开展培训，并承担专业的咨询问题；②为本科生和研究生匹配学科馆员，提供深层次的科研一线服务	通过即时通讯(如 Aol messenger、ya-hoo! messenger、msn messenger、 gtalk、ICQ 等)、短信、邮件、面对面、电话等多种方式	①设计参考评价标准与工具，设立虚拟咨询协调员岗位；②评估参考咨询方式和参考服务台，确定咨询服务量，配置服务人员与服务时间；③培训图书馆员，调查用户喜好及其对传统和电子参考咨询服务的反馈意见

从表 2-1 可以看出，美国这 8 所著名高校在参考咨询、学科服务的内容和服务方式上丰富多样。

(一)学科馆员设置

美国这 8 所高校在学科服务人员的配置上各有特色，多个学校的学科馆员深入院系开展工作。如哈佛大学图书馆的导引咨询员具有丰富的信息情报专业知识，信息咨询经验丰富，情报分析能力强，同时具备良好的计算机技能，掌握多种现代信息技术，能利用智能工具对读者的各种问题进行情报分析，提供读者所需信息和问题解决方案。

宾夕法尼亚大学图书馆专门设有教学联络员，负责为教师和学生提供教学服务。内容包括提供与课程相关的图书馆指导讲座和网上课程研究指南,并为学生提供一对一的研究咨询,联络员还可以为 Blackboard 网络教学管理平台提供各种支持。例如,根据学校学科建设整理分类教学资源,回答与馆藏有关问题的咨询;提供会议室、网络教学设备与平台、多媒体投影系统和笔记本电脑、学习工具借出等服务;提供图书馆研究咨询(LARCS)服务,即学生和教师可预约一对一的服务,特别是请熟悉相关学科专业信息的图书馆员帮助查找和利用信息资源,或者与他们专业有关的新的科研教学研究工具,以求在研究项目方面获得帮助。

康奈尔大学学科馆员,分别隶属于主馆的多个部门以及分布在整个校园的各个专业分馆,学科馆员职责被鲜明地概括为"CRIO",这四个字母所代表的具体含义如下:Collection(C)——馆藏建设;Reference(R)——参考咨询;Instruction(I)——教学培训;Outreach(O)——院系联络。在美国,"Outreach"一词很通用,不只限于图书馆范畴,该词含有伸出、延展的意思。Kornelia Tancheva 女士是主馆的学科服务负责人,她认为从广义角度来讲,面向读者的所有公共服务都可称为"Outreach";从狭义角度来讲,"Outreach"一词应该具有以下两个特征:一是积极主动和读者接触,目的是把资源与服务送出门去;二是深入对方的空间,包括网络空间和物理空间。在学科服务开展过程,"Outreach"主要表现为两个方面:一是了解院系动态。学科馆员申请将自己的 E-mail 添加到院系教师的邮件组中,这样就能够得到院系的各种会议通知,选择性地参加院系一些研讨会,以便掌握学科发展动态,加强与院系教师的接触和交流。二是将学科网页推广到相应院系网站。一些院系的网站在显著位置推介学科馆员编写制作的学科资源利用指南以及学科导航链接网址,以便院系师生及时发现资源和利用资源。

(二)学科服务内容

在学科服务内容上,各个高校也都各有创新,分别在空间服务、专业咨询、院系培训等方面与其他部门联合制订和执行学科发展计划,并做得有声有色。

伯克利大学图书馆通过调整图书馆物理空间功能、服务点和同类学科图书馆员重组来满足师生对学习和研究空间的需求；通过跨部门合作，提供数字素质和传统研究工具的培训和支持，包括教育技术服务（Educational Technology Services，简称 ETS）、信息服务和技术（ Information Services and Technology，简称 IST）等。

麻省理工学院图书馆除了纸质资源外，还拥有极为丰富的数据资源，提供电子期刊、电子书籍、图片、地图、乐谱以及音像制品视频制作、会议、网络广播和远程教育等电子资源和多媒体服务，因此十分注重数据管理服务。由学科馆员负责，面向研究社团专门提供全面系统的数据管理和出版服务，利用建立数据管理和出版服务网页，提供各类详细的指南、文档，协助研究人员制订数据管理计划、提供个性咨询服务、提供培训课件等，以此提高对学校学术研究和教学的支撑服务能力。

哥伦比亚大学图书馆主动地帮助科研人员利用、操作信息并分享研究成果，开展学术交流，版权咨询，学者个人研究咨询，引文管理，媒体访问及操作支持，科研笔记管理，特定学科的数据捕捉、获取和管理等个性化服务。具体实施的规划有学术共享服务（利用哥伦比亚大学的机构知识库为用户提供其整个学术过程中产生的成果的创建和存储服务）、学科数据评价服务（评估教师在整个学科数据管理支持上的需要，通过评估整个校园数据管理和归档需求，为联邦数据管理需求做准备）、学科馆员融入服务（制定专业发展项目，为学科馆员提供更多机会参与到院系学术交流活动中去）。

宾夕法尼亚大学图书馆始终站在计算机技术应用的最前沿，其数字图书馆提供越来越多的有线和无线服务。图书馆系统支持教学存贮技术，增强学生的学习经验，并组织他们教学，提供有效的指导手段。对于用户想存贮的教学材料，图书馆提供以下三种方式：预约图书馆有关的实体贮存房间；通过网络系统储存电子材料；使用 Blackboard 网络教学平台站点贮存用户扫描的期刊文章、书籍章节等材料。

匹兹堡大学图书馆提供线上虚拟咨询工作平台，学科馆员和师生都可以通过平台补充自己完成的咨询问题,对咨询问题的类型(指示型、即时型、深度型)、咨询方式(面对面、电话、E-mail、即时通信、其他方式)、咨询的学科主题、咨询用户的类型(教工、硕士生、博士生、大学生、员工、校外用户等)、咨询台(分馆或部门)等进行统计和内容完善;同时学科馆员还要负责资源建设及与所负责的院系的对口联系,或正式加入科研项目,为本科生和研究生匹配学科馆员,提供深层次的科研一线服务,包括培训、专业问题咨询等,制定所负责的领域(学科或地域)的馆藏建设发展规划,包括年度计划等。

另外,各高校比较重视学科服务管理工作,对学科馆员组织机制、组织机构模式、员工部署、员工培训、服务质量评估等方面均有不同的规定和规划。

二、社交媒体服务

高校图书馆在提供学科服务的时候,除了传统的方式,也会采取多种新技术和手段与师生互动、联络,网络社区的迅猛发展已经受到图书馆界的高度关注,社交网络已成为延伸服务,扩展了图书馆的服务空间,优化了图书馆的信息渠道,成为图书馆和用户交流的活跃平台。

高校图书馆纷纷利用各种社交网络平台,如 Blog、Facebook、Twitter、YouTube、Tumblr 等建立起用户访问图书馆、联系图书馆员的通道。例如,哈佛大学图书馆提供 Twitter、Facebook 等社交媒体服务,与院系师生互通互联。

麻省理工学院图书馆提供如下社交网络服务:SNS(Social Networking Service)在图书馆的管理与服务等方面得到了广泛应用;知名社区网站 Twitter 和 Facebook 可加强与用户的互动;通过 RSS、Google Scholar、YouTube 等社交网络提供图书馆图片、视频、新闻、位置共享等服务;开通了 Blog 服务,可以选择订阅感兴趣的主题,并用于发布图书馆消息与通知、宣传图书馆资源和服务;此外,有效利用 RSS 推送 Podcasts 服务。

耶鲁大学图书馆整合了多种咨询方式的实时咨询,并提供了 Blog、Twitter、Facebook、YouTube 等多种交流方式。

康奈尔大学图书馆提供 Facebook、Twitter、Instagram 等社交服务,用户和图书馆员可以在上面共享信息和评论贴图,但是用户发表在图书馆社交媒体上的意见、评论、图片或者其他信息不代表康奈尔大学图书馆的立场,图书馆有权对社交网络内容进行审核。对于不妥信息,图书馆可以从网站上移除材料,以保证图书馆社交媒体的正常信息交流环境。

三、开放获取工作

开放存取(Open Access,简称 OA)或称开放获取,是基于传统出版模式以外的利用互联网自由传播,推动信息及时、免费、广泛交流的一种渠道。

学术信息的生产者利用数字技术和网络化通信,将科研成果在互联网进行及时、免费、不受任何限制的交流与出版。任何人都可以通过网络获取各类文献,包括经过同行评议过的期刊文章、参考文献、技术报告、学位论文等全文信息,促进科研教育及其他研究活动的公共利用程度而采取的科学信息资源共享和自由传播行动。

开放存取资源相较于传统学术传播的优势在于用户在使用该文献时,不需要付费(包括个人订阅或者团体订阅)就能访问学术信息的全文,对其复制和传递的唯一法律需求是在利用信息时保持文献的完整性及作品被准确接收和引用。对技术的需求也很容易满足,只要能在互联网联通状态下使用电子媒介就可获取开放存取信息,既方便快捷又节约资金、时间等资源。

(一)开放存取类别

开放存取自出现以来,就受到学术界和科研界的关注,世界各知名高校纷纷出台相应政策给予支持,开放获取通过开放出版(OA 期刊)和开放存储(OA仓储)两条途径得以迅速发展。

开放存取期刊(Open Access Journals)是一种免费的网络期刊,包括新创办的开放存取期刊和由原有期刊转变出版模式的开放存取期刊。开放存取期刊不会因为可以在网上免费出版而对质量不加控制,对提交的论文同样实行严格的同行评审,从而确保期刊论文的科学性和严谨性。

OA 仓储也称为 OA 知识库或机构知识库,包括基于学科的知识存储和基于机构的知识存储。学科 OA 仓储最早是物理、计算机、天文等自然科学领域的一些学术组织收集网上公布的可共享的学术交流信息,将其整理成专题资源后存放于服务器中供用户免费检索和使用。机构 OA 仓储的主体一般为高校图书馆、科研院所或学术组织,存储对象为组织或机构的内部成员在学术研究过程中产生的各种学术资源,包括项目研究成果(开题报告、中期报告、结题报告等)、调查研究报告、硕/博士学位论文、会议论文,甚至包括课程讲义、多媒体资料等。这些正式出版或未正式出版的资料,作为学术研究活动过程中的产出,具有一定的学术价值。可以通过积极的存储与管理使其得到有效利用。

除了 OA 期刊和 OA 仓储两种形式外,根据用户需求和创新,陆续出现了多种其他形式的网络 OA 资源,如个人网站、博客、学术论坛、文件共享网络等。但与 OA 期刊和 OA 仓储相比,这些网络资源的来源比较复杂,信息发布又没有经过监督组织和专业机构的审核,较为自由和随意,缺乏严格的学术质量保障,只是作为一个网络信息公开与讨论的空间而存在。

(二)开放存取应用

高校图书馆每年需要付出大量费用进行资源的购买,开放存取资源的出现在丰富了馆藏资源的同时,却没有增加图书馆的成本,并且开放存取资源质量能够得到保障,这自然受到广大图书馆的欢迎。

例如,哈佛大学督促该校教师尽可能在开放出版期刊上发表论文,推动自己担任编委或评审专家的订购型期刊转为开放出版期刊,建立校园开放出版支持基金,鼓励"论文要存缴到学校机构知识库,但不支持复合出版期刊或延迟开放期刊"[①]。哈佛大学启动了 Harvard Open Access Project(HOAP)项目,建设了开放获取机构仓储(DASH-central openaccess repository),哈佛大学"Information Technology 信息技术"项目也把"继续在学术交流和开放获取领域保持领先地

---

① 张晓林.实现开放获取 支撑科技创新:有关国家和机构支持科技期刊开放出版的政策与措施[J].战略与决策研究,2013,28(3):381.

位"作为一个重要目标。

伯克利大学图书馆 2008 年加入了由欧洲原子能研究机构(European Council for Nuclear Research,简称 CERN)和德国马普学会等机构于 2007 年发起的高能物理开放出版资助联盟(Sponsoring Consortium for Open Access Publishing in Particle Physics,简称 SCOAP),积极推动高能物理期刊或高能物理论文转为开放获取的形式出版,促进高能(粒子)物理领域的学术交流。

约翰斯·霍普金斯大学图书馆存储硕/博士学位论文电子版,学生毕业后,文章将面向全球开放获取;图书馆平台上建设了主题云,集成了与主题最相关的领域开放工具和资源。图书馆还对开放存取推行基金资助支持,补偿学校作者在开放存取期刊上的出版费用,以激励作者在开放获取期刊上发文,共享自己的研究成果,推进开放获取行为。

匹兹堡大学图书馆对开放获取期刊出版进行了多年探索与部署。匹兹堡大学图书馆制定相应的开放存缴与开放获取政策,包含版权,合理使用,OA 许可,作者权利、责任等内容,成立期刊出版的教师咨询小组,为教职员工与学生开展开放获取宣传会,促进开放获取期刊出版。还建设了高效存缴访问机制,拓展电子期刊使用平台的功能,为匹兹堡大学科研人员开展开放期刊投稿与使用等培训;建设和推广匹兹堡大学图书馆 OA 主页,比较同行研究型图书馆,分析文件存储的共同发展趋势,吸引更多的在线期刊,尤其是国际期刊,发展全球学术出版伙伴关系,结合匹兹堡大学优先发展的学科领域和重点领域,与巴西、印度、印尼、秘鲁、土耳其和英国合作,支持同行评议的开放获取期刊出版。

总之,美国高校图书馆在学科服务方面的工作涉及比较广泛,具有内容丰富、形式多样、人员配置合理、管理措施到位、联系师生、深入院系、实践效果突出等特点,可以对我国高校图书馆的学科服务工作提供一定的参考和工作指导。

四、馆际合作项目

一个图书馆的资源是有限的,没有条件也不可能囊括所有的信息,面对用户日益增加的信息需求,高校图书馆的资源共享自然成为一种优化馆藏资源的有效措施。

（一）图书馆界的区域性的、专业性的联盟合作组织

不管是公共图书馆还是高校图书馆，都注意到图书馆建立联盟关系、实行资源共享的重要性。起初主要是编制图书馆联合目录，在馆藏查询上实现共享，然后在合作馆间进行馆际资源互借服务。随着图书馆的外部环境和内部需求的变化，图书馆之间条条框框的合作已不适应现代社会信息快速发展的步伐。为了满足用户信息需求的能力，提高图书馆资源的利用效率，信息资源共建共享的图书馆联盟方式成为图书馆发展的必然趋势。

图书馆联盟模式可以选择地域，建立区域性（洲际、国内、省级、地区等行政规划）图书馆联盟，也可以根据图书馆性质建立系统内（公共图书馆、高校图书馆、科研院所图书馆）或联合性图书馆联盟；在合作程度上也可以根据各馆特点进行松散型的点块业务合作，也可以进行紧密型的全面服务合作。不管何种模式，总体目的都是激活各个图书馆的资源，发挥图书馆间的协同效应，使图书馆信息资源的利用最大化，实现人类信息财富的最大价值。

图书馆联盟的合作内容包括联合编目与联合目录的实现，在线管理系统和检索系统的共享，数字图书馆资源共享，馆际互借与文献传递的高效运行，资源存储中心的共享与资源采购的共同协调，咨询服务与员工培训等服务协作。而且在众多的图书馆联盟中，每个图书馆都可以参加多个联盟组织，设立有多种专门的项目，成立有众多的专业委员会和任务小组，并有着明确的任务和目标，真正实现了资源的全面共建共享。

2005 年，伊利诺伊州学术和研究图书馆联盟 CARLI（Consortium of Academic and Research Libraries in Illinois）成立。CARLI 联盟有明确的奋斗目标和任务，引导伊利诺伊州学术和研究图书馆创造和保持一个丰富的拥有多种资源的知识环境，促进教学、科研的深远运行，并且对联盟内各种类型、各种规模及各种任务的图书馆的重要性均给予肯定。"尊重成员研究机构提供的对于不同用户的服务，并对各成员机构的自主权给予充分的认同，高效分享学术图

书馆资源,免费开放所有合法性资源,提供优质信息服务。"①

1999 年 11 月,哥伦比亚大学、宾夕法尼亚大学、耶鲁大学等三所高校图书馆在美国研究图书馆组织(Research Library Group,简称 RLG)的推动下进行合作,推出"Borrow Direct"跨图书馆图书借阅试点项目,并以三所大学名称的首字母命名为 CoPY 计划。"这是对信息资源共享模式的一次新的探索。该项目的推出,旨在使 RLG 成为一个资源共享管理中心,探索资源共享活动中处理远程请求的可行模式。"②2002 年,布朗大学图书馆加入这项服务,哈佛大学图书馆、麻省理工学院图书馆也于 2011 年加入。

另一个大规模的研究型数字内容协作存储共享的项目是 HathiTrust 数字图书馆。HathiTrust 数字图书馆项目于 2008 年发起,是一个旨在将其成员馆所收藏的纸质文献进行数字化存储,为合作用户提供信息资源共享的数字服务项目。该合作图书馆包括美国、加拿大和欧洲的一百多个研究图书馆,以共享的治理结构为基础,通过协作收集、组织、保存、交流和分享人类知识记录,资源类型包括数字化扫描图书、电子照片、特色馆藏以及一些原生数字资源等,涵盖了一百多种语言,为研究、保存、分享人类共同知识财富做出贡献。

(二)图书馆之间的协同合作

除了有组织的图书馆机构联盟,各高校图书馆纷纷根据学科建设特色,寻找馆外或校外合作对象,进行联合协作,开展共建共享服务。

麻省理工学院图书馆分别与加利福尼亚大学、圣地亚哥大学的科研团队进行合作,对物理学、生物海洋学、神经影像学、化学/化学工程学、材料科学与工程、气候变化等理工类学科的数据建立联合的数据仓储。此外,麻省理工学院与美国哈佛大学共同建立了"哈佛—麻省理工数据中心"(Harvard-MIT Data Center,简称 HMDC),加强数字资源的长期保存与开发,有利于科研人员的后续

①　杜春光,陈伟.美国伊利诺伊州学术与研究图书馆联盟:CARLI 研究与启示[J].图书馆学研究,2011(18):85.

②　王刘艳.Borrow Direct:为馆际互借提速[J].图书馆杂志,2005,24(8):19.

研究使用,也可通过重组和再加工,服务更多的科研活动。

2009 年,康奈尔大学图书馆与哥伦比亚大学图书馆开展深度创新合作,因两馆英文缩写相同,简称 2CUL。合作内容包括共享人员、共享资源、共享技能、共享机会、共享品牌优势。两馆在南亚学科、拉美研究、东亚研究等领域共享学科馆员,进行学科服务合作方式。

匹兹堡大学为了提高学术研究的生产与共享,积极与全球的教师和科研团队建立合作伙伴关系,合作的项目有与马里兰医学图书馆、肯尼亚圣保罗大学图书馆建立文献传递服务点;持续与肯尼亚圣保罗大学合作建设馆藏;发展与日本图书馆的合作网络;与美国 Gale(Thomson Gale)集团合作进行会议文献信息建设,扩展访问内容,包括 Audubon 材料、拉美材料和 Gale 材料等。

美国国立医学图书馆与美国多所教育机构,如斯坦福大学、耶鲁大学和哈佛大学等开展生物医学信息学的研究培训,培训内容涉及保健、生物信息学、系统生物学、图像信息学和公共卫生信息学等。

美国图书馆联盟经过历史的发展,已形成了较为完善的合作制度和联盟体系,也为图书馆联盟的开展提供了丰富的借鉴经验。

第二节　国内学科服务开展现状

国内学科服务实践与理论并重。我国学科服务思想最早源于杜定友 1957 年提出的专科研究员,"专科研究员除了掌握图书馆技术外,还要懂得'科学'和'研究'"①。只是这种思想在很长一段时间没有得到充分的响应和发展。直到 1998 年,清华大学引入学科馆员制度开展学科服务,中国人民大学、北京大学、武汉大学等高校图书馆才相继开展了这一服务项目,学科服务实践在高校迅速延展,中科院国家科学图书馆等也纷纷推展学科服务实践工作。据统计,几乎所有"985 工程"高校图书馆和"211 工程"高校图书馆都已开展学科服务,其他

---

① 杜定友.图书馆怎样更好地为科学研究服务[J].图书馆学通讯,1957(2):49.

普通本科院校和高职高专学校图书馆也在学科服务实践上各有特色。①②

一、我国高校学科信息服务现状

自 1998 年清华大学图书馆从国外引进学科馆员制度以来,我国各大高校开始纷纷效仿。在学科信息服务开展初期阶段,学科馆员只是充当图书馆与信息用户之间的联络员,架起双方交流的桥梁,畅通双方沟通的渠道,通过网络工具或传统方式宣传图书馆学科服务思想。之后,学科信息服务进入发展期,"在将图书馆信息服务融入科研过程之中的基础上,开发和引入多种信息工具,开始创建以用户为中心的服务系统,向用户提供一种到身边、到桌面的信息服务,为用户科研过程提供有效支撑"③。

在我国高校中,最具有学术研究代表性的知名学府是 C9 和 E9 高校。

九校联盟(C9 League,简称 C9):2009 年 10 月 9 日,国家"985 工程"首批重点建设的包括北京大学、清华大学、浙江大学、复旦大学、上海交通大学、南京大学、中国科学技术大学、哈尔滨工业大学、西安交通大学等在内的 9 所高校共同签署了《一流大学人才培养合作与交流协议书》,C9 联盟是中国首个顶尖大学间的高校联盟,旨在人才培养、科学研究等领域加强合作与交流,实现资源共享,优势互补,共同快速发展。2014 年 11 月 7 日,中国科学院大学(简称国科大)正式参与 C9 联盟活动。

卓越大学联盟(Excellence 9,简称 E9):2010 年 11 月 25 日,国内包括北京理工大学、大连理工大学、东南大学、哈尔滨工业大学、华南理工大学、天津大学、同济大学、西北工业大学等在内的 8 所以理工特色知名的重点综合性大学,共同签署《卓越人才合作培养框架》,这 8 所大学希望通过合作来培养卓越人

---

①　万文娟."985 工程"大学图书馆学科服务实践及不足分析[J].图书馆学研究,2012(3):82-87.

②　陆莉."211 工程"高校图书馆学科服务现状调查与分析[J].图书馆学研究,2013(4):59-63.

③　苏靖靖.高校学科馆员信息服务及其评价研究[D].湘潭:湘潭大学,2013:14.

才。5天后,11月30日,重庆大学也签署加入该框架协议,卓越人才培养合作高校联盟正式成型,这9所大学的联盟也被称为"卓越大学联盟"。

其中哈尔滨工业大学同时加入了九校联盟(C9)和卓越大学联盟(E9)。笔者对包括九校联盟(C9)和卓越大学联盟(E9)在内的上述18所高校的图书馆网站进行调研,开展学科化信息服务主要内容、学科化服务平台建设、学科馆员设置等内容的状况调查(信息来源于高校图书馆主页,时间2021年8月6日),研究我国高校学科化信息服务开展和服务平台建设的情况。综合整理内容见表2-2。

表2-2 我国部分高校图书馆学科化信息服务状况调研

名称	学科化信息服务内容	学科馆员设置	学科化服务平台建设
北京大学图书馆	科技查新;科研讲座;院系互动;学科前沿与态势分析;学术素养与写作支持	公布33个院系26名学科馆员名单、邮箱、电话和学科服务主页	学科博客;开放数据导航;5个学科信息门户;机构知识库
清华大学图书馆	针对教师、研究生层面开展工作;教学科研情况和发展动态;课题咨询;等等	公布46个院系单位学科馆员和6个书院馆员联系电话、邮箱等	网络资源导航;学术资源地图;23个学科LibGuides信息资源和服务导航;教参服务平台
浙江大学图书馆	科研战略咨询;学科信息咨询;学科资源咨询;情报信息服务;高校信息调研;学科分析;专利分析信息推送;等等	公布学科服务联系人信息与联系方式;公布27名学科馆员信息与联系方式	39个学科LibGuides信息资源和服务导航;数据库导航;期刊导航
复旦大学图书馆	教学与学习支持(培训讲座、信息通报、信息素养课程、教学嵌入讲座等);科研与创新支持(科技查新、课题文献服务);学科数据与评估	公布社科、理工、医科组18名学科服务馆员名单、办公地点及其联系电话和邮箱	学术资源门户;数据库导航;期刊导航

续表2-2

名称	学科化信息服务内容	学科馆员设置	学科化服务平台建设
上海交通大学图书馆	教学参考资源服务；培训讲座；科技查新；定题服务；情报计量分析；智库服务；学科资源和科研绩效评估	公布34个院系、6个服务团队、30名学科馆员名单及联系方式	学科导航；16个学科博客平台；学校文库和机构学术数据知识平台
南京大学图书馆	Subject+学科知识服务；Find+知识发现服务；培训讲座；信息通报；科技查新；共享空间	公布咨询方式和联系渠道，未公布学科馆员设置信息	3个A类学科知识服务平台；课程学习平台；智能问答系统
中国科学技术大学图书馆	教学与写作支持；专题讲座；学术论坛；信息素养培训；最新成果推送	未公布学科馆员设置信息	国内外图书馆导航、知识空间服务系统、知识发现系统
中国科学院大学图书馆	科技查新；信息素养培训；学科专题服务；情报分析；科研、知识产权、学科评估等研究支持	与其合作的机构共享咨询馆员	开放式科研服务平台（包括重点领域信息门户、科研论文开放仓储平台、知识服务平台等）；教育资源管理平台
哈尔滨工业大学图书馆	科技查新；教学培训、教学参考信息；论文写作指导；等等	学科馆员走进院系讲座，但未公布学科馆员设置信息	12个LibGuides服务平台和学科博客；CALIS重点学科网络资源导航
西安交通大学图书馆	科技查新；学科信息服务；教学与培训；专题讲座；网络在线教育与馆员培训；共享空间；等等	公布社科、理工、医、电气等院系8名学科馆员；各学院1名图情教授	学术信息资源发现平台；网络数据库导航；中外文期刊导航；课程教材平台；大学文库和特色资源平台
北京理工大学图书馆	科技查新；情报咨询；专利分析；定题跟踪；ESI信息通报；技术咨询	在21个院系设置18名学科馆员，公布邮箱与电话信息	6个特色资源专题库导航；学校机构知识库成果管理平台；专业知识聚合平台；6个学科前沿发现平台

续表 2-2

名称	学科化信息服务内容	学科馆员设置	学科化服务平台建设
西北工业大学图书馆	科技查新;资源培训;专题嵌入教学和科研;学科文献资源建设;定题跟踪;院系论文统计分析;情报分析与决策支持;等等	公布 30 个院系单位 9 名学科服务馆员名单及其邮箱、电话联系方式	期刊导航;CALIS 重点学科网络资源导航;特色资源数据库学校知识机构库文献管理平台
大连理工大学图书馆	科技查新;读者培训;信息共享空间;等等	公布咨询的电话、邮箱等,未公布学科馆员设置信息	5 个 LibGuides 学科服务平台;期刊导航;"一站式"资源发现系统
华南理工大学图书馆	查新检索;用户教育与培训;定题跟踪;等等	公布各校区信息咨询地址、邮箱、电话,未公布学科馆员设置信息	广东大学城十校图书馆数字资源共享服务平台;知识发现平台
同济大学图书馆	查新检索;学术素养培训;嵌入课程;学科咨询;情报分析与服务;五大学科服务基地	公布 8 名学科馆员个人信息、研究专长和服务范围	期刊导航;汽车行业信息服务平台;学科与知识产权服务平台;机构知识库
重庆大学图书馆	查新检索;用户培训;教学科研支持;人文讲座;学科评价与分析;教学课程资源推荐	公布 3 个分馆 3 名学科馆员电话及邮箱信息	数字文献资源平台;学科导航;期刊导航;37 个学院数字图书馆平台;信息素养教育平台;学术成果库
东南大学图书馆	查新检索;数据服务;专题定制与推送;信息素养讲座;教学支持;学习支持	公布 31 个院系及科研单位 18 名学科馆员办公地点、电话、邮箱	开放课程平台;学科资源推荐平台;学科资源导航;学术资源地图;机构知识库成果管理平台
天津大学图书馆	查新检索;专场培训;情报分析与研究;嵌入式教学;学科信息服务	公布 29 个学院学部 20 名学科馆员电话、邮箱、QQ 群等联系方式	资源导航;学科专题服务平台

从表 2-2 可以看出九校联盟(C9)和卓越大学联盟(E9)18 所高校都十分重视学科化信息服务,学科馆员针对对口专业和学科设置,任务明确、分工协

作。都能对信息检索、科技查新、信息分析与评价、用户培训、资源推荐与导航等基础工作开展服务,并公布相应咨询服务的联系方式。

在学科馆员的设置上(由于时间、学科设置等因素会有所调整),北京大学图书馆、清华大学图书馆、浙江大学图书馆、复旦大学图书馆、上海交通大学图书馆、西安交通大学图书馆、北京理工大学图书馆、西北工业大学图书馆、同济大学图书馆、重庆大学图书馆、东南大学图书馆、天津大学图书馆等分别公布了服务团队、学科馆员名单及其电话、邮箱等联系方式。并且清华大学图书馆对学科馆员的工作职责进行了详细的说明①。(见表2-3)

表2-3 清华大学图书馆学科馆员的工作职责

类别	具体工作职责
资源建设	深入了解对口院系的教学科研情况和发展动态
	熟悉该学科的文献资源分布
	参与对口学科的资源建设,推动对口院系与图书馆合作订购资源
资源整合	编写、更新相关学科的读者参考资料,包括学科服务网页、资源使用指南等
	宣传推广图书馆的资源与服务,提高文献资源利用效率
	试用、评价、搜集相关学科的文献资源
	为对口院系的重大课题提供文献帮助、信息分析与评价服务
人员培训	对口院系师生的开展信息素养培训
	开办相关图书馆讲座,解答深度课题咨询
人员协作	深入院系,征求用户意见及信息需求
	与图书馆顾问密切合作,与对口院系学术带头人建立联系

在学科服务内容上,都能开展常见的基础服务,推广和挖掘图书馆信息,提高资源利用率,如科技查新、资源检索服务,信息咨询与信息通报,用户培训和

---

① 清华大学图书馆.学科馆员工作职责[EB/OL].[2021-08-09].http://lib.tsinghua.edu.cn/kyzc/xkgy.htm.

专题讲座,学科分析与评价,等等。除此之外,图书馆实施"走出去"的策略,和院系合作,开展教学嵌入服务,这是一种图书馆学科馆员与院系授课教师进行教学合作的学科服务形式。

例如,复旦大学图书馆提供教学嵌入讲座服务,院系根据学科专业课程设置需要提升学生信息素养的需求,授课教师在专业课程开课之初,与学科馆员联系合作意向,明确需求,通过详细沟通,共同确定在教学中嵌入与本学科相关的文献信息资源检索与利用的讲座内容、深度与学时。嵌入教学方式,既提升了学生的信息检索能力,又提高了图书馆资源的利用率。

复旦大学图书馆教学嵌入讲座实践丰富,涉及文理多种学科,包括化学信息学,细胞生物实验,经济论文写作(中文、英文),中国近现代史文献,法律创新课,医学文献的检索、管理及阅读,管理心理学,中美关系史,新闻传播学研究方法等多个课程,根据课程收集的反馈意见,师生对此种形式比较认同,纷纷给予好评并提出合理化建议,以提升课程效果。

在学科服务平台建设上,网络数据库导航、中外文期刊导航、特色专题资源导航是基本标配,多所高校根据重点学科建设学科知识服务平台和专业数字图书馆,构建学校知识机构库文献管理平台,并结合学科建设特色资源数据库和开放课程平台,为学校的教学、科研与学科发展提供信息资源、情报分析与决策支持。

中国科学技术大学图书馆开展了丰富的学习支持和科研服务支持,在信息素养培训方面有每学期固定的讲座培训,包括图书馆资源与服务、信息检索利用、论文写作与期刊投稿、科研工具使用等4个主题;有学科馆员以及合作机构共同制作的信息素养大讲堂,包括信息检索、工具软件、写作投稿、情报研究、知识产权、科研方法、学术道德、好书领读等内容的线上讲座;还有数据库在线培训服务平台,整合 Web of Science 在线大讲堂、爱思唯尔(Elsevier)云课堂、EBSCO 实时课程(在线培训)等网络信息素养资源,以及信息素养慕课推荐平台;从多种方式、多种渠道推广各类信息获取技能,有效提升用户信息素养。

二、嵌入式学科服务以及新技术应用

(一)科研嵌入式学科服务的开展

初景利已发表系列论文探讨学科馆员和学科服务,并具体阐释了第一代和第二代学科馆员在服务深度、服务内容、服务责任、角色定位和服务手段方面的区别[①②③];邵敏、范爱红分别研究了清华大学学科服务架构与学科馆员队伍建设[④],并以康奈尔大学为例介绍了国外学科服务的特色理念[⑤];郭晶以上海交通大学图书馆 IC^2 实践为例,详细展现了基于 IC^2 原创思想构筑的学科服务体系,"从组织机构设置、学科服务团队组成、馆藏物理空间布局、到各类业务流程再造,都开始以学科化服务为主线进行,在国内走出了一条独具特色的学科化服务之路"[⑥]。

总体来看,高校图书馆学科信息服务的内容主要包括基础服务和科研嵌入服务两大方面。

基础服务主要包括三个方面。

①图书馆信息资源建设与服务推广,以提高信息资源利用率为主要目标。②通过电邮、电话、网络平台等方式提供多形式多渠道的信息咨询服务。③设置信息共享空间,以方便师生开展学术交流和教学研讨。

科研嵌入服务主要包括三个方面。

---

① 初景利.试论新一代学科馆员的角色定位[J].图书馆理论与实践,2007(3):1-3.

② 初景利,张冬荣.第二代学科馆员与学科化服务[J].图书情报工作,2008,52(2):6-10,68.

③ 初景利.学科馆员对嵌入式学科服务的认知与解析[J].图书情报研究,2012(3):1-8,33.

④ 邵敏.清华大学图书馆学科服务架构与学科馆员队伍建设[J].图书情报工作,2008,52(2):11-14.

⑤ 范爱红,SCHMIDLE D J.学科服务发展趋势与学科馆员新角色:康奈尔范例研究[J].图书情报工作,2012,56(5):15-20.

⑥ 郭晶.图书馆学科化服务研究与进展[M].上海:上海交通大学出版社,2013:2.

①以学科馆员为核心,从科研角度为学科用户提供信息检索、资源利用、科技查新、定题跟踪、学科评估等服务。

学科馆员是图书馆积极与院系学科专业建立资源联系和信息沟通的纽带和桥梁,提供的是深层次、个性化、专业化的文献信息服务;学科馆员是同时具备专业素养和信息素养的复合型专业人才,凭借自身的学科背景和信息情报专业知识辅助用户的科研活动,在科研课题资源的全面准确的搜集和整理、信息分析与评价等方面给予支持,在项目研究趋势和方向甄选上给予建议,在学科发展现状和状态评估给予资料上的支撑。

②图书馆提供基于学科专业的信息素养培训工作,包括论文写作、专业数据库和信息分析工具的利用等内容。

图书馆不仅要宣传和推广图书馆的信息和资源,提高馆员和用户的信息素养也是图书馆的主要职责之一。

信息素养培训工作一方面包括馆内员工进行的图书馆资源利用培训,因为图书馆资源处于不断的增添变化之中,新的资源更新与进入、技术开发引进以及新业务的开展都需要图书馆管理人员熟悉和掌握相应技能,以便更好地开展服务工作;另一方面要做好院系用户信息素养培训工作,深入院系调查收集意见,定期或不定期地开展图书馆资源与利用、专业资源获取、专业论文撰写、信息分析工具利用等与专业对口的培训和辅导讲座;此外,还要做好学科馆员和院系课程教学的双向交流,学科馆员通过选听相关院系的专业课,提升相应学科专业素养,完善自身知识结构,院系师生与学科馆员协调,针对有需求的专业课程,通过嵌入式教学,量身定制信息素养教学内容,进行进阶式课程培训。

学科服务的开展,还有很大的升级空间,内容上还需要丰富,在层次上还需要提升,在关注度上还需要加强。学科服务内容和形式的开拓和实践创新,有力地发挥了图书馆助力教学、支持科研、辅助人才培养、弘扬文化的功能。

③学科化服务平台的建设,包括学校建设的专业学科平台、LibGuides 平台、博客服务平台和信息导航系统等。

学科信息服务嵌入科研开展活动,为学科信息服务提供了广阔的发展空间。其中,学科化服务平台的建设是目前学科服务的集成体现,通过专业学科平台和 LibGuides 平台为学科进行信息资源的集成、组织、推送服务。

LibGuides 是由美国 Springshare 公司 2007 年使用 Web 2.0 技术开发的一款开源软件,这款为图书馆设计的内容管理与知识共享系统,主要是构建学科知识服务平台,以"云端"的管理方式,为用户提供"一站式"服务。

LibGuides 于 2011 年由 CALIS(中国高等教育文献保障系统)三期学科服务项目资助引进。很多高校图书馆根据学科特点、文献资源状况以及未来学科发展需求,对其进行重新定制和二次开发自建图书馆学科服务平台,为读者提供包括学科专业期刊导航、专业学术会议动态、投稿指南、学科热点追踪、文献管理工具与引用指南、主题研究指南、学者信息指南、学习社区等学科专业服务项目,从而通过系统集成学科资源、多方面揭示学科信息,达到学术成果共享、交流、推广的效用。

学科导航平台的内容设计以用户为核心,以需求为导向,展示学科优势,也要寻找资源服务的较弱环节与空白点,从其他机构获得帮助,以丰富自身资源。资源类的专题指南不仅要有最常见的图书期刊类型,还要搜集展示特殊载体的资源,如以图片、胶片、视频、音频展示的新闻、年鉴、档案、专利、电影、音乐等,以丰富资源内容。除资源导航以外,写作引用规范和文献管理软件类指南也是需要重点推荐的知识专题,这是图书馆对科研助力的重要知识优势。

在学科导航平台的栏目设计中,学科列表导航是必不可少的类目,与专业相关的课程指南、研究指南是进阶性的学科指引。在规划学科导航平台结构时,不要局限于传统的分类和组织模式,可明确导航的目标用户,建立更有针对性的导航内容,如清华大学 LibGuides 学科服务平台就对学者的科研成果进行展示,构建清华学者库,面向用户群体和学科专业研究方向提供资源整合服务,截至 2021 年,已提供 53 个院系和科研中心 3635 名学者的科研成果分析,包括 WOS 发文引用情况、发文趋势、发刊分析、合作分析、研究主题分析等内容,展现清华学者丰富的研究成果及科研合作网络。

学科博客服务平台是学科馆员与有关研究人员进行实时沟通和交流的平台,能够实时提供有价值的最新成果和学科热点前沿内容;"信息导航则是针对各个学科或专业的数字资源信息进行分类导航筛选的系统,能够提供专业性较强的资源类型,从而使用户快速地检索到所需信息"①。这种集成化的平台融合了多方资源,方便了用户的选择和利用,数据更新与维护以及信息整合也是学科馆员的信息素养和信息服务能力的体现。

(二)科学技术和模式创新对学科服务的支持

近年来,信息技术的发展给图书馆的服务带来了显著的提升,Lib 2.0、LibGuides、可视化分析工具、Living Library 等新技术和服务模式开始受到关注。

Lib 2.0 理念源于 Web 2.0 技术,是 Web 2.0 在图书馆行业的具体体现。国内学者纷纷探讨 Lib 2.0 技术在图书馆服务上的应用,如基于"以用户为中心"的 Lib 2.0 服务理念的网上信息共享空间建设,"Web 2.0 正是构建信息共享空间的关键技术之一,读者可以通过信息共享空间形成基于共同兴趣或任务的社区"②;"把 Web 2.0 技术中的 Blog 、Wiki 、RSS 等技术应用于参考咨询系统,使得参考馆员和用户之间建立更广泛的互动关系"③。

LibGuides 是个开放的服务平台,采用"云端"内容管理方式,任何用户均可通过互联网访问平台发布的资源,而不需要受到 IP 地址等条件的限制,"目前国外图书馆界普遍采用的 Lib 2.0 知识共享系统。系统融合了社会网络、维基、书签及博客等众多 Web 2.0 工具,具有鲜明的 Lib 2.0 特征"④。因此,可将 Lib

① 李洪莲.高校图书馆学科化服务的现状调研与分析[J].图书馆学刊,2013(8):105.
② 夏桢.Lib 2.0 环境下基于学科服务的信息共享空间构建与实证研究[J].图书与情报,2013(5):111.
③ 汪洋,苏建华.Lib 2.0 理念和技术在图书馆数字参考咨询工作中的应用[J].现代情报,2008(11):34.
④ 杨丽萍,蒋欣,王俊.运用 LibGuides 提升图书馆服务:西交利物浦大学案例分析[J].新世纪图书馆,2015(1):27.

Guides 系统运用到特色数字馆藏建设中,并根据学校的学科设置创建导引。[①]

LibGuides 是个展示图书馆学科特色的平台,提供多种分类方式,包括学科、课程、数据库、学科馆员、学者、更新状态、下载引用等资源、人员、利用情况等内容,还可嵌入调查问卷、评论反馈、RSS 推荐定制等服务,结合用户素养培训内容,拓展学科导航服务的用途,有效帮助用户全面了解和使用图书馆信息资源。

RSS(Really Simple Syndication)即简易信息聚合,也称聚合内容,是一种基于 XML 标准的,在互联网上被广泛采用的,描述和同步网站内容格式的包装和投递协议。RSS 是一种用于聚合新闻、博客等网站网页标题、摘要和内容的工具,搭建了信息迅速传播的技术平台。网站提供 RSS 输出,有利于网站发布和共享及时更新的内容,用户通过 RSS 订阅,在不打开网站的情况下能更快地获取内容页面的信息。

就本质而言,RSS 是一种信息聚合的技术,工作的原理就是网站把发布的信息利用网页制作技术动态生成 XML 文件,形成一个网页地址,把这个地址推送到 RSS 阅读器里,用户打开阅读器,就可以读取通过 RSS 订阅的最新的信息。也就是一个 RSS 阅读器就汇集了多个网站的信息推送列表,给用户提供了“一站式”的信息聚集服务。

学科嵌入服务不仅仅是学科馆员深入院系的单向活动,还应该邀请院系研究学者和学科专家进入图书馆进行科研交流和专题探讨,实现学科馆员走出去、专业学者走进来的双向流动服务。Living Library,也可称为 Human Library、真人图书馆,就是图书馆尝试的一种人力资本流入的服务模式。将具有特殊专长或学科经验的个人以志愿者充当 Living Book(活人图书或真人图书),采用“对话”的形式与用户进行面对面地交流,从而使用户获得精神及智力层面的理解与分享。[②] 这种将人作为有价值的“图书”的全新服务模式也颇受用户的接

---

①　吴慧群.基于 LibGuides 的高校图书馆特色数字馆藏建设[J].农业图书情报学刊,2015,27(12) :39-42.

②　杨莉萍.高校图书馆学科服务模式的新亮点:Living Library[J].情报探索,2011(9) :30-33.

受和欢迎。

另外，关于数据统计和情报分析评价工具软件的使用对用户来说是难点，图书馆对于新技术的培训不仅是对加强学科馆员服务质量的要求，也是对提高用户信息素养、评估图书馆利用效率的要求。

综上，目前图书馆学科服务侧重探讨了嵌入式学科服务模式及学科馆员的创新服务路径，理论阐述较为全面，"但从总体上看，距离学科服务的初衷存在一定差距，尚有诸多空间有待进一步探讨：①已有研究涉及的学科服务都是针对图书馆内的各自规划设计，缺乏宏观整体思考；②学科服务协同多为某一单方面的协同，缺乏对于全球学科建设协同理念的科学应用，更缺乏与国际化学科资源有机衔接的世界眼光；③图书馆学科服务各自为政、学科资源保存分散，资源整合技术大多自主研发、系统兼容性差，缺少国家级的学科服务综合网站，没有统一的公共牵头部门来管理、协调，每个个体的独立行动都无法协调其他行为主体使其达到帕累托效应优等均衡；④大多将学科服务的责任主体限为图书馆，忽视了社会力量对学科服务发展的巨大作用"①。

在新技术和新服务模式的应用和探讨上，对图书馆服务系统的更新和完善的作用比较突出，使得图书馆学科服务在服务架构、服务形式、网络推广、信息共享、互动交流等方面均有更为广泛的延展和提升。

（三）新媒体在学科服务的使用

根据新媒体时代各种信息技术快速发展的特点，各种消息传播渠道广泛，传播方式多样。学科服务可以利用这一优势渗透到用户之中，构建集成化的学科服务互动平台，以更好地优化学科资源建设。

笔者对包括九校联盟（C9）和卓越大学联盟（E9）在内的上述 18 所高校的图书馆网站进行调研，开展学科服务新媒体使用状况调查，在新媒体使用中，微信是常见且利用较多的形式，因此对图书馆微信公众号的主要服务功能进行了整理

---

① 杨俊丽.高校图书馆学科服务的顶层设计研究［J］.现代情报，2016，36（4）：49.

（信息来源于高校图书馆主页,时间2021年8月6日),综合整理内容见表2-4。

表2-4　我国部分高校图书馆学科服务新媒体使用状况

名称	开通的新媒体种类	微信公众号主要服务功能
北京大学图书馆	微博、微信、BBS、QQ问答	馆藏搜索、资源利用案例、阅读推广活动与资源推荐服务
清华大学图书馆	微信、在线咨询	馆藏搜索、信息资源专题培训讲座、在线咨询等
浙江大学图书馆	微博、微信、留言板、移动图书馆	馆藏查询、阅读推广、学术搜索、资源培训、专利微课与情报微课堂
复旦大学图书馆	微博、微信、BBS、QQ在线咨询	文献提供、智能咨询、教学支持、科研支持、学科数据评估、信息素养培训、阅读推广
上海交通大学图书馆	图书馆官方微博、微信、留言板、学科博客、学科微信公众平台、院系QQ群等	查询图书、阅读推广、资源导航、学科资源建设、专题讲座培训、信息分析、学科评价、嵌入教学
南京大学图书馆	微博、微信双号(服务号、订阅号)、BBS、在线留言、在线智能咨询	图书查询、阅读推荐、用户信息管理、微视频、微数据
中国科学技术大学图书馆	微信、留言板	图书馆微主页,包括用户信息管理、图书查询、书刊推荐、QQ阅读、e博在线等
中国科学院大学图书馆	微信公众号、微信小程序、实时咨询或表单留言咨询	馆藏检索、用户信息管理、图书荐购、讲座培训、阅读推广、专题推荐
哈尔滨工业大学图书馆	微信双号(服务号、订阅号)、博客	图书查询、个人图书馆、主题阅读,知识发现、教育培训
西安交通大学图书馆	微博、微信、QQ咨询、留言板、移动图书馆	馆藏书目查询、个人信息管理、图书推荐、学术发现
北京理工大学图书馆	微信、QQ咨询	信息发布、信息咨询
西北工业大学图书馆	微信、QQ实时咨询	信息发布、信息查询、新书推荐
大连理工大学图书馆	微信、在线智能咨询、移动图书馆	图书检索 、资源发现、图书推荐、个人信息管理、读者培训

续表 2-4

名称	开通的新媒体种类	微信公众号主要服务功能
华南理工大学图书馆	微信	移动阅读、微课堂、图书推荐、音像资源推荐、阅读推广
同济大学图书馆	微博、微信、表单咨询	馆藏书刊查询、个人信息管理、资源荐购、用户培训、微阅读、信息咨询
重庆大学图书馆	微博、微信、BBS、在线智能咨询、移动图书馆	用户信息管理、智慧图书馆,包含馆藏资源检索、社会服务、培训讲座、资源推荐等
东南大学图书馆	微博、微信、在线智能咨询、移动图书馆	馆藏查询、个人信息管理、阅读推广、智能咨询、书刊推荐
天津大学图书馆	微信双号(服务号、订阅号)、QQ 群、在线智能咨询	馆藏查询、个人信息管理、用户培训、资源推介、阅读推广、信息反馈、在线咨询

除电话、现场、邮件、FAQ 常见问题查询等一般咨询方式外,高校还根据需求增加了许多其他沟通交流的方式,如微博、微信、BBS 发帖、留言板、QQ 群、在线智能咨询等。例如,上海交通大学图书馆除了图书馆官方微博、微信外,还同时使用学科博客、学科微信、院系 QQ 群等多种沟通交流方式。

上海交通大学图书馆学科博客是学科服务中的重要组成部分,以"关心您所关注的学科热点,提供您所需要的学科服务"为服务主旨,以学科馆员为核心,体现学科特色,并使用文献计量学分析方法做一些学科论文收录引用统计、主题分析等工作。除此之外,博客中也将包含一些学科常用资源的介绍和链接,通过日志分类、标签动图、评论社区显示学者关注的科研热点和研究方向,构建学科馆员和相关学科科研人员的沟通交流平台,为学科馆员的深层次服务和科研实践提供互动渠道。

虽然上述高校都开通了图书馆官方微信公众号,但是在微信上提供的主要还是集中在图书馆的一般借阅查询等基础服务上,专门设置学科服务微信栏目的意识不强。例如,馆藏资源基本都是提供馆藏书目查询,数据库等电子资源介绍和"一站式"搜索功能不完善;个人信息中心提供的服务基本都是图书借还查询、续借、学生卡绑定/解绑、在线座位预约等;其他的服务则基本是日常通知、信息动态、常见问题和培训讲座安排、阅读推广活动介绍等内容。

只有少数高校图书馆设置的栏目里涉及学科服务内容,其中上海交通大学图书馆在学科服务栏目中显示的是学科馆员的设置与联系方式;复旦大学图书馆微信平台上直接链接图书馆网站学科服务栏目,内容详细具体,值得关注。

各高校图书馆应该利用微信平台推广深层次学科服务,体现图书馆对学习和科研的支持功能。其中学科资源导航、在线课程学习、数据统计分析、学科发展评价、科研人员绩效评估等展现图书馆优势能力的服务是最应该让用户接受和认可的,也是图书馆最应该在微信平台上推广的服务。微信平台所具备的交流互动与多媒体承载的功能,都可以为学科服务的开展提供保障。

（四）开放获取免费资源对学科服务的推动

开放获取是一种基于数字化手段和网络化通信的学术信息自由共享理念的传播机制。开放获取运动于 20 世纪 90 年代末在国际学术界、出版界、信息传播界和图书情报界兴起。

开放获取打破了科技知识的商业出版垄断和资金费用营造的知识壁垒,使社会成员能够获得对最新研究成果大部分的使用权。这是一种对信息资源的免费、即时和无限制的联机获取方式,是对世界学术出版形式和信息传播方式都产生重大影响的行业创新方式和行动实践。

2001 年 12 月,布达佩斯开放获取先导计划（Budapest Open Access Initiative,简称 BOAI）,将开放获取纳入了研究人员的视野,明确提出了开放获取的概念:"文献在 Internet 公共领域里可以被免费获取,允许任何用户阅读、下载、拷贝、传递、打印、检索、超级链接该文献,并为之建立索引,用作软件的输入数据或其他任何合法用途。用户在使用该文献时不受财力、法律或技术的限制,而只需在存取时保持文献的完整性,对其复制和传递的唯一限制,或者说版权的唯一作用应是使作者有权控制其作品的完整性及作品被准确接受和引用。"①

开放获取运动倡议在高等教育机构和资助机构制定开放获取政策,实现学术作品的开放许可,推行开放获取知识库等基础设施的发展以及为开放获取出版制定职业行为标准。

2007 年,美国发起了"开放获取行动日"(National Day of Action for Open Access)研讨活动,宣传开放获取期刊的概念和开放获取行为。2009 年,为了扩大开放获取影响规模,主办机构将活动日拓展成一周,并在国际上推广,成为"国际开放获取周"(Open Access Week)。之后将每年 10 月的最后一周定为国际开放获取周,届时世界各科研机构组织围绕开放获取的相关主题进行推介活动,向科学界和学术界宣传介绍开放获取,分享参与开放获取的经验,探讨开放获取的基本理念、原则政策、面临问题及解决方案措施等内容,争取国家科研组织机构、社会团体、世界各地的研究人员、学生、教授和倡导者、决策者对开放获取的关注和支持。

2012 年 10 月 22 日至 24 日,中国科学院文献情报中心(国家科学图书馆)举办"中国开放获取周"(China Open Access Week)研讨会,这是国内举办的首届开放获取周。会议针对不同的实践形式,面向不同受众,分别设立"机构知识库日""中国机构知识库日""开放出版日"。之后,每年与国际开放获取周同步,进行开放获取活动在中国的宣传推行和决策实施。

为参与和推进对开放获取的探讨与实践,全球多个国家或地区的科技界、出版界、图书馆界及教育界等机构,每年会围绕官方主题,针对自身在开放获取发展中出现的新现象、面临的新挑战和新问题等,自拟主题并举办相应的 OA Week 活动。② 自 2012 年以来,中国科学院文献情报中心每年都进行中国开放

---

① 教育部科技发展中心.2018-09-13 关于开放存取(Open Access)发展历程[EB/OL].(2018-09-29)[2021-08-11]. http://www.cutech.edu.cn/cn/zrzl/lzmz/zrwjt/hlw/webinfo/2018/09/1536626611764961.htm.

② 邵曾婷,王译晗,叶钰铭,等.从开放获取到开放科学:开放获取周的主题、内容演变与启示[J].图书情报工作,2020,64(14):13-25.

获取周推介活动。（见表2-5）

表2-5　2012—2020年国际、国内开放获取周活动主题内容

国际开放获取周时间	国际开放获取周主题	中国开放获取周推介活动时间、主题与议题内容
2012年10月22—28日	Set the Default to Open Access（让开放获取被承认）	时间：2012年10月22—24日 主题："机构知识库日""中国机构知识库日""开放出版日" 议题：全球机构知识库建设的最新进展，知识库可持续发展的因素和相关机制，开放出版的运作经验和挑战；数字信息环境下科技期刊以及开放出版期刊的遴选与评价
2013年10月21—27日	Redefining Impact（重新定义影响力）	时间：2013年10月21—23日 主题："开放获取知识库日""开放获取出版日""开放获取资源日" 议题：机构知识库发展趋势、挑战与现况，机构知识库发展的激励、标准与评价，国内外开放出版的积极实践，开放出版的支持机制，开放资源及其挑战
2014年10月20—26日	Generation Open（开放时代）	时间：2014年10月20—21日 主题："开放获取出版日""开放获取知识库日" 议题：资助学术期刊开放获取的政策、计划、实践经验，机构知识库的发展趋势，开放数据、开放图书的进展
2015年10月19—25日	Open for Collaboration（开放合作）	时间：2015年10月19—20日 主题：开放获取趋势、开放出版和机构知识库发展、科研数据与科研成果开放获取 议题：国内外开放获取的新进展，开放出版中的关键问题与解决实践，开放获取知识库实施中的关键问题与解决实践，科学数据开放获取的进展与挑战

续表 2-5

国际开放获取 周时间	国际开放获取周主题	中国开放获取周推介活动 时间、主题与议题内容
2016 年 10 月 24—30 日	Open in Action （开放行动）	时间：2016 年 10 月 17—18 日 主题：开放获取的实施：挑战与实践 议题：科技出版物开放获取的实施挑战与实施实践，科研数据开放共享的实施挑战与实施实践
2017 年 10 月 23—29 日	Open in Order to Save Data for Future Research （开放目的）	时间：2017 年 10 月 25—26 日 主题：开放科学与创新服务 议题：OA2020 倡议及其进展，开放科学的创新服务与政策建议，开放获取资源的新发展与新挑战
2018 年 10 月 22—28 日	Designing Equitable Foundations for Open Knowledge （为开放知识设计公平的基础）	时间：2018 年 10 月 16—17 日 主题：开放科学的新发展 议题：开放科学的发展路线，开放数据的服务实践，数据、方法、代码的开放获取
2019 年 10 月 21—27 日	Open for Whom? Equity in Open Knowledge （为谁开放？——开放知识的公平性）	时间：2019 年 10 月 23—24 日 主题：开放科学行动与未来 议题：开放科学政策环境与趋势；开放科学实践：开放与共享；开放科学实践：基础设施；开放科学发展中的焦虑与思考
2020 年 10 月 19—25 日	Open with Purpose: Taking Action to Build Structural Equity and Inclusion （有目的的开放：采取行动以建立结构性公平和包容）	时间：2020 年 10 月 20—21 日 主题：开放科学付诸实践并融入社会 议题：开放科学的理念与价值，开放获取和开放数据的实践与发展，开放科学基础设施的建设与应用，开放科学进程中的焦点问题

　　2017 年以前的国际开放获取周（OA Week）官方主题主要是对开放获取的定义、内涵、影响、开放政策、合作原则、行动目标等基础性内容进行宣传和推介，探讨全球开放获取运动发展进程中需要完善和明确的制度规范以及遇到的共性问题。2017 年至今，OA Week 官方主题的关注点趋向问题的具体和深化，

强调开放获取中的人文要素以及开放知识的公平性,构建公开平等的学术交流体系。

中国开放获取周(China OA Week)根据国际开放获取周主题,结合中国学术界、出版界的特点,积极探讨中国开放存取面临的实际问题。2012—2016 年,中国 OA Week 的活动重点在于对开放获取现况、发展趋势、机制、政策、挑战的理论探讨以及开放获取知识库、开放出版的积极实践介绍;2017 年以来,中国 OA Week 在围绕开放知识的公平性原则基础上,聚焦开放科学这一主题,探讨开放数据、开放教育、开放基础设施建设等开放科学实践路径。中国 OA Week 的关注点也经历了从开放获取的基本概念确认、实践经验探讨、面临的问题挑战及其应对措施,再具体到科研数据的开放获取、开放科学的演化服务与操作实践,从开放获取走向开放科学是开放获取发展的大势所趋。

开放获取基于知识的自由交流对每个人都有利的理念。本着这一精神,开放获取政策鼓励通过开放访问资源和开放出版获取所需的研究和信息。对于学生来说,意味着不用考虑资源成本,更自由地学习;对于教师和研究人员来说,意味着可以提高研究的传播度,并可及时参考同行成果;对于倡导者和资助者来说,意味着增加了研究产品验证性和可靠性的层次;对管理者来说,则意味着机构影响和声誉的提高。

由于不同地区的经济条件,各地图书馆的资源购置经费有很大的区别,使得图书馆用户在面临同样的研究任务时处于不对等的资源占用状态,图书馆在有限的经费使用中,用户的资源需求往往不能得到满足。高校联盟之间的文献传递实现了部分资源的共享,但是对于用户庞大的信息资源需求也只是杯水车薪,开放获取理念的推广和实施极大扩充了图书馆资源,同时兼顾知识生产者和使用者的利益,也有利于人类知识的有效传播和人类智慧的提升发展。

开放获取资源共享平台的搭建需要国家提供鼓励政策,地区积极响应国家的政策,行业组织积极将各个情报信息机构组织起来,共同建立资源共享体制,鼓励科研人员积极参与到共享平台的搭建与使用中。例如,各个机构知识库的构建就需要机构出台政策或制定规则,激励成员积极免费提供个人研究成果,分享自己的优质资源,并对其资源进行知识产权的保护。进而建立机构知识库间的合作关系,进行学科间的交流和发展,促进开放获取资源的共用共享和共同进步。

第三节　基于用户认知的学科服务需求

用户是学科服务的主要对象,了解用户需求是做好学科服务的基础。高校图书馆学科服务的用户主要是教师、学生和从事科研的其他人员,"由于各学科具有不同的特点,不同学科用户在学习阶段、学术层次和学习习惯等方面也存在差异,因而需准确掌握各学科用户的信息需求。另外,对于不同地域、层次的高校,即使相同的学科,用户所需服务也有较大差异"①。

一、不同专业的学科服务需求分析

（一）不同学科专业信息需求特点

学科门类是对具有一定关联学科的归类。在我国,从学位授予与人才培养角度,国务院学位委员会和教育部共同制定学科门类,共分为哲学、经济学、法学、教育学、文学、历史学、理学、工学、农学、医学、军事学、管理学、艺术学、交叉学科等14个学科门类。

一般又习惯将文、史、哲、艺、法、教育和经、管(文学、历史学、哲学、艺术学、法学、教育学、经济学、管理学)统称为人文社会学科大类,即所说的文科专业。所以一般用文、理、工、农、医五大类进行专业类别概括。

软科榜是全球领先的高等教育评价机构——上海软科教育信息咨询有限公司发布的世界大学学术排名榜(ShanghaiRanking's Academic Ranking of World Universities,简称 ARWU),将学科分为五大门类:数学与自然科学(简称理科)、

---

① 张东华.高校图书馆学科服务模式调查分析[J].农业图书情报学刊,2016,28(2):163.

工程/技术与计算机科学(简称工科)、生命科学与农学(简称生命科学)、临床医学与药学(简称医科)和社会科学(简称社科)。

英国夸夸雷利·西蒙兹公司(Quacquarelli Symonds,简称 QS)是一家国际教育市场咨询公司,公司发布的 QS 世界大学排名(QS World University Rankings)也将学科分为五大门类:艺术人文类、工程技术类、生命科学与医学类、自然科学类,以及社会科学与管理类。

不管是 14 个学科门类还是五大学科门类,都可以从学科的理论性、学科的实用性、学科的服务性、学科的指导性、学科的生产工作发展的实践性来归纳不同的学科特点。根据基础理论研究和实践应用研究的不同学科特点,提供相应的学科服务内容,做到目标明确、有的放矢、定位精准、服务到位。

一般来说,不同专业背景的用户对信息和服务的需求也不尽相同。例如,基础学科背景的用户相对于应用学科背景的用户而言,更倾向于对资源(包括纸质资源、电子资源)进行了解、熟悉和认知,希望提供的服务是对信息资源的整合(例如专业资源导航的建设),而应用学科背景的用户更注重借助图书馆的力量,提供针对项目的专有服务,如定题服务、信息检索服务。具体服务如下所示。

对于图书馆资源介绍和推广服务:

(1)各个学科对于纸质资源都有需求,不管是基础学科还是应用学科,在教学和科学研究活动中都需要大量纸质文献的支持,图书馆需要全面开展包括图书分类、图书馆书目检索、个人图书信息的管理等方面的馆藏资源的介绍和检索服务推广服务。

(2)电子资源是目前科学研究活动中使用比较广泛的一种文献类型,电子期刊的出版周期短、传递迅速、信息更新快、检索功能强、资源共享途径多等特点符合应用学科快速的研究进程。图书馆应该加强应用学科对电子资源数据库的资源介绍、使用推介、利用培训等服务。

对于图书馆信息素养提升服务:

(1)除了电子馆藏、纸质馆藏等的全面推广与使用推介,还要根据学科开展专业数据库的培训讲座。例如,化学文摘数据库、医学类数据库、法律类数据库等电子资源就因为其专业性较强,需要深入院系,专门对用户进行检索技能的培训讲座。

(2)为了提高用户的信息素养,时间有限的电子资源讲座不能满足用户对于信息专业知识的需求,图书馆开展信息资源检索与利用的课程很有必要。尤其是在理工科和医学类专业,需要具备科研信息素养,通过提升信息情报意识,培养敏锐的信息洞察力。

对于图书馆科研和学习支持服务:

(1)应优先建设基础学科的专业导航。基础学科,是指研究社会或自然的基本发展规律,提供人类生存与发展基本知识的学科,研究的是主体的基本架构和知识本质理解,而不涉及研究该主体的实际应用,一般多为传统学科,如数学、物理、化学、哲学、历史等。这些学科经过研究积累和知识沉淀,在概念理解、内部结构、思维逻辑、知识演化及其规律形式等方面都具有明确的发展轨迹,在学术研究的机构设置、行业组织、专业资源建设等方面做得比较成熟,为学科导航的建设提供了丰富的信息来源。

(2)优先在应用学科开展信息检索、科技查新、课题跟踪、资源聚合、数据分析评价等服务。应用型学科一般是建立在基础学科上的衍生学科,以社会实际问题、工程实践问题等应用技术为研究对象,以解决社会生活、生产以及管理中的实际问题为目标的学科,如工程技术类、管理类、设计类等专业学科。应用型学科来源于实践,应用于实践,知识的更新换代比基础学科要快,技术迭代迅速,应用性强,信息的产生量大,传播度广,受到的关注度高,科研工作者对信息的需求增加,不仅需要研究热点和研究趋势的推介,还要根据研究的现状判断研究的价值与效果。需要提供信息资源管理与资源聚合、学术画像与学科评价等学科服务进行研究支持。

科技查新服务的目的是为科研立项和科技成果的鉴定、评估、验收、转化、奖励等提供客观依据,也是对科研项目的研究进行资料调研和技术梳理的工作过程。通过查新可以了解有关主题国内外相关科学技术路线、技术内容、技术指标等的现状、发展水平和研究开发方向,以及研究开发的深度及广度、取得的成果和面临的问题等,判断课题研究的必要性、新颖性、可行性,以此引导科技人员研究方向和调动成果推广应用的积极性。

除了基础服务内容,专业资源导航建设和信息检索与分析评价服务是相对具有知识含量的学科服务,符合学科服务发展的方向和总体需求,应列为学科服务的重点内容。

(二)针对性特色化学科服务方式

(1)在应用学科开展定题检索、学科分析与评价等服务

随着科学基础研究的深入开展和科学应用技术的飞速发展,学科分类越来越细,信息资源的载体越来越丰富多样,信息种类多种多样,资源类型也是形式百出,信息的泛在化已成为普遍现象,这给获取信息带来了一定的难度。

美国科学基金会凯斯工学院基金委员会和日本国家统计局曾经对科技人员花费在资料收集、查阅文献的时间做过相关调查:在科研活动中,科技人员对计划思考的时间占 7.7%,查阅文献的时间占 50.9%,实验和研究的时间占 32.1%,撰写论文或实验报告的时间占 9.3%。这一时间分配比例随着检索技术水平的提高会有所变化,但是查阅文献的时间仍是科研人员需要付出大量时间和精力的工作环节。

图书馆具有丰富的信息资源、各种专业数据库和完善的计算机检索系统,学科馆员具有信息检索的专业知识,有资源有能力为研究人员提供科研课题的主题分析、情报资料的搜集与检索工作。并且资源内容来源可靠且全面,涉及学术期刊、会议论文、技术报告、学位论文、政府出版物、科技图书、专利、标准规范、报纸、通告等多种类型,信息的回溯性和时效性强,既能保证基本满足科研工作的信息需求,又可以大量节省科研人员查阅文献的时间。

(2)建设专业特色数据库或机构知识库

网络信息具有再现性、共享和重复使用,现有技术对信息的广泛访问的实现冲击着知识基础设施的变化。大量信息的泛在化削弱了信息的特色化,但是

学科是有自身特点的,学科只有发挥特色才有生命力,每个学科的研究问题或研究项目需要不同的观察和记录方式,描述数据和使用的语言或元数据标准也会因项目而异,具有一个共同的数据基础是不现实的。因此,大数据环境下的专业特色数据库建设是学科发展的需求。

当然,在专业特色数据库建设中,除了学术多样性,还会存在一些共性。这种共性主要是高层次的,即对知识产权对数据收集、描述、保存或共享方面的保护,明确的基于数据转化的标准,基础设施和数据管理实践的一致性等共同需求的原理与规则等。

机构知识库是一个机构知识产出的信息集合,也是机构进行知识交流和传播、促进知识成果开放共享的互动平台。机构知识库是机构学科特色的成果显现,是为了科研者后续研究利益而建设和管理的,需要在技术、资源、劳动力和治理方面的重大投资,需要政策的支持和推动,需要学者的贡献,或建立共享文化所需的现实推动,利益相关者必须齐心协力,释放数据,并重用数据,实现共享数据的愿景。

(3)开展学科嵌入服务,与用户信息互通、资源共享

学科嵌入的理解可以是多个层次:对于资源使用而言,图书馆专业书刊与院系资料室专业资源合作模式的选择、专业数据库的管理与推介,需要图书馆与学科专业协同合作,以便专业资源能够得到充分的利用;对于人员服务而言,需要学科馆员和专业学者之间的无障碍沟通与双向流动,图书馆学科馆员走向院系教学与科研活动,参与专业项目的调研、撰写申请报告、统计课题科研成果等工作,院系师生也需要走进图书馆,参与学科学术推广活动,以提升信息技能和信息素养;对于资源购置而言,需要图书馆与院系资源经费的比例合理、合理支出,因资金有限,图书馆一般在满足综合类的信息资源保障的同时才去考虑专业资源的配置,专业数据库的采购需要相应学科的参与和共同建设。

(4)开展学科评估和数据分析评价服务

面对某一学科主题的研究脉络和发展轨迹的分析,可以通过科技查新工作进行梳理,面对某一学科的学术研究的发展需求,图书馆根据不断丰富的网络

资源和开发的新技术手段,已具备开展学科评估和数据分析评价服务的条件和能力。

大数据时代发现数据是主要的,但保留哪些数据、为什么保留这些数据以及对保留的数据进行分析评价才是关键。与数据有关的最基本概念都有其跨学科或文化的复杂性而缺乏一致性,对于数据信息的处理问题,没有通用的解决方案,而更好地保存、管理和使数据可用可发现是统一的目标。所以对于数据分析评价服务是开发信息价值的方式之一,也是构建数据知识基础设施的推动力之一。

二、用户认知对学科服务的影响因素

(一)不同教育程度和学习经历对学科认知的影响

根据教育的对象、任务、内容和形式的特征,对人类的教育实践可大致划分为家庭教育、学校教育和社会教育三种。家庭教育来源于社会最小组织单元对人类接受的初步影响,是个人社会化的初始时期,也是关键时期,这一时期家庭对个人社会化责任的言传身教对人的一生有着十分重要的影响。

社会教育来源于个人在社会生活实践中所受到的符合社会要求的思想品质和世界观的影响,以及对人们头脑中储存的知识和信息的更新和社会化适应。人具有社会性和群体性特征,社会教育是贯穿人的一生的活动。

学校教育是国家机构为提高民众文化面通过各级各类学校对民众进行的教育,主要任务是有组织、有计划、有目的地向受众传授社会规范、思想观念、价值标准、知识和技能,为推动社会发展培养人才。

学校教育需要投入巨大的社会资源,构建复杂的全方位的网络体系,是人们接受知识培训的最主要的方式。我国的教育系统包括学前教育(Preschool Education,也称幼儿教育)、初等教育(Primary Education,也称小学教育)、中等教育(Secondary Education,也称中学教育,包括初中、高中、中专、中技、中师等教育形式),以及高等教育(Higher Education,也称大学教育)。为了提高公民的受教育程度和体现教育公平性,我国推行"九年义务教育"制度,国家将小学及初中教育作为必须予以保障的公益性事业,对政府、家长、学生都有强制性。部分省份和地区根据当地具体实际情况在逐步实行"十二年义务教育",以扩大居民的受教育范围、提升知识文化素养和当地教育水平。

幼儿教育、义务教育和高中教育阶段也统称为基础教育,以提高全民族的素质为目的,实行的是通识教育,是以传授人类社会共有的最基础的知识规律、意识观点、社会准则和经验为内容的教育体系。

高等教育是指建立在普通教育基础上的专业性教育,以培养各种专门人才、科学研究和服务社会为目标。我国高等教育的培养层次包括专科教育、本科教育和研究生教育;培养形式有全日制、半日制和业余高等教育;学校种类有综合型大学、专科型大学等;学校性质有国家办的、地方办的、民办的以及合作办学等多种形式。

在高等教育主体学历教育层次上主要分为本科教育、硕士研究生教育和博士研究生教育。本科教育虽然进行了学科专业划分,但主要学习课程的内容设置多是学科专业的基础知识,是进行专业性学习的初始阶段;研究生教育才是进入正式专业教育的精英教育阶段,是对专业知识的深造和研究,培养的是学术型或应用型的高级专门人才,博士研究生比之硕士研究生,不仅具有独立从事科学研究工作和承担专门技术工作的能力,还要在科学或专门技术上做出创造性成果。所以不同的教育阶段,对学科专业知识的接触、学习层次和深度都有不同,在学科专业的研究内容、知识体系、发展趋势等自然有不同的理解和掌握,形成了各自的学科知识认知结构。

(二)不同工作实践、专业训练对学科认知的影响

在受教育过程中,对于学科专业的学习并不是一成不变的。例如,学生在本科专业教育阶段,经过初步对专业知识的接触和了解,根据对专业的思考和自身发展的规划,在努力进入更高一级教育阶段时会对自己的专业学习进行调整。那么,改变本科专业方向的再深造学习,缺少了本科教育阶段对专业基础

知识的培育和熏陶,可能造成对学科知识架构认知不足的情况,影响学科基础知识的稳固性。另外,实习是重要的实践性教学环节,缺少实践操作的纯理论学习对于学科专业的理解是片面的,至少是不充分的。

在工作岗位上,由于提升工作能力等多种情况的需要,学习相关的专业知识和技能成为必然。这时的专业知识学习与经过学校教育习得的学科知识会有所区别,对理念和理论知识的学习会相对较少,可能只处于了解的层面,而关注点在于应用知识的学习,而非对专业知识的钻研,以便更好地开展工作。尤其在工作实践中,会遇到需要聚合多学科知识共同完成的任务,那么非专业科班出身的工作者对多学科知识提出要求的学习多数是一些实用性、技能性的训练,势必影响对学科的专业总体认知。

还有,不同工作性质对于学科知识的认知也有影响。例如,同一专业同一学历程度的人才到高校工作,与到科研院所工作、到企业工作或到社会创业,在不同的工作岗位,从事不同性质的工作,对知识运用的层次、深度、广度等要求是不同的,对学科知识的理解会随着工作重心不同,利用层次、研究方向、看待问题和解决问题的角度不同而产生不同的认知结果,即所谓的“横看成岭侧成峰,远近高低各不同”,其实这只是学科多面性的体现,主要是看到、用到并深刻认识到了哪一面而已。

第三章

基于用户认知行为和信息需求的
学科服务发展策略

　　学科服务是文献情报机构调动各种信息资源、技术资源和人力资源,创造性地运用这些资源解决用户特定需求问题的"一体化"服务模式。具体包含三层含义:一是用户认知行为和需求的分析,二是信息资源、信息技术的利用,三是服务产品的知识增值作用。

　　信息服务机构从了解用户性质(政府机关、企事业单位、科研院所、教育机构、普通大众等),了解用户知识结构、心理倾向、信息习惯与信息行为特征开始,分析和刺激用户需求,确定用户目标,是开展集成化服务的推动力。针对用户的需要类型(信息获取、情报分析、信息评价、综合服务等)和成果目标(检索结果、信息报道、分析报告、实施方案等),搜集、筛选主题相关的包括各种来源、各种类型、各种载体的离散信息和整合信息,涵盖馆藏文献信息资源与网络信息资源、显性资源与隐性资源,并对其进行深层次的整序、揭示、分析和鉴别,实现信息资源的集成化。

　　在信息服务过程中,为了提高信息资源加工的效率和易用性,大量运用了计算机信息处理技术,包括在信息组织阶段,将印刷型信息转化为网络集成化信息系统平台(如各种数据库、搜索引擎等);在信息检索阶段,有各种便捷高效的检索工具可供使用;在信息分析阶段,有强大数据分析软件可供选择;在信息成果输出阶段,有将网络信息中的专题与相关学科信息处理转化,成为提供给科研用户的信息产品(如专题文献汇编、专题目录、综述报告和述评报告等)。

信息服务的过程是多种先进技术联合使用的过程,是技术手段和信息分析方法的高度集成化。

信息服务也是信息开发和知识创新的过程,过程中包含了信息服务人员创造性的智力劳动,通过知识重组和知识再造,形成用户决策所需要的知识解决方案。服务产品的质量直接关联的是工作人员的能力,深层次、全方位的信息服务需要集体智慧的产出,从而实现知识增值、知识创新、知识扩散和知识应用的功能集成化。

第一节　用户认知行为分析

从信息所处状态来分析,信息具有时间结构和空间结构。当信息从记录状态、传递状态与用户的"认知空间"发生关联,且通过用户认知到接收状态,就会吸收并产生新的信息。

信息记录状态、传递状态、接收状态的三种状态的转变过程体现了信息运动传播的价值,由于信息与用户关联作用的结果表现为用户对接收信息与贮存在大脑中的信息进行的加工,那么同一信息的价值因不同用户的认知接收和知识储备而呈现出新的生命。

用户的信息行为受主体工作、外在环境、信息接受状态的影响,是一种与信息需求密切相关的目标性活动。"从上个世纪的 80 年代,信息行为的理论研究逐渐发展。理论主要集中于三个方面,关于信息行为的认知理论、信息行为的社会理论、信息行为的综合理论。"①

一、信息认知行为研究趋势分析

通过中国知网指数检索主题"信息认知",得出 1989—2020 年关于"信息认

---

① 陈成鑫,初景利.国外新一代用户网络信息行为研究进展[J].图书馆论坛,2010,30(6):72.

知"的学术关注度（篇名包含检索词的文献发文量趋势统计）。（见图3-1）

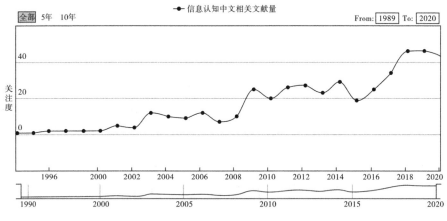

图3-1 "信息认知"主题的学术关注度

如图3-1所示，国内对"信息认知"的研究关注较晚，1989年才开始有相关理论体系介绍的文献发表，2000年以来相关的中文发文量处于有波动的上升趋势。近五年来，中文文献的研究数量增加明显。

通过中国知网指数检索主题"认知行为"，得出1980—2020年间关于"认知行为"的学术关注度（篇名包含检索词的文献发文量趋势统计）。（见图3-2）

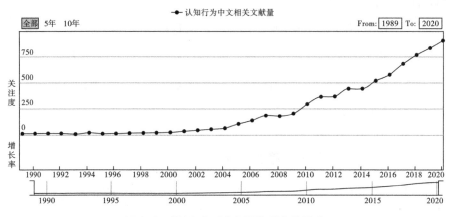

图3-2 "认知行为"主题的学术关注度

如图 3-2 所示,国内对有关"认知行为"的研究起步于 20 世纪 90 年代初,自 2000 年以来,国内学者对"认知行为"相关主题的关注度有所增强,中文发文量处于稳步上升趋势。近十年来国内研究持续保持着极大的热情,中文文献的发文量上升显著。

为了研究趋势有数据上的验证,同样通过中国知网的文献检索(检索时间2021 年 8 月 23 日),并且为了文献内容的准确性和主题相关度,在"篇名"字段中使用检索词"信息认知""认知行为",运用"逻辑或"的组配运算策略,在中国知网收录的"学术期刊、学位论文、会议"资源类型中进行检索(为了文献的检全率,检索词使用模糊匹配),检索时间限定 1989—2020 年,共检出中文文献计9122 篇,对数据进行总体发文趋势可视化分析(见图 3-3)。每年发文量和环比增长率见表 3-1。

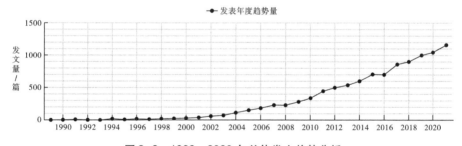

图 3-3 1989—2020 年总体发文趋势分析

表 3-1 1989—2020 年发文量和环比增长率

时间/年	发文量/篇	环比增长率/%
2020	1049	4.59
2019	1003	10.469
2018	908	5.709
2017	859	24.859
2016	688	-2.419
2015	705	18.099
2014	597	10.359

续表 3-1

时间/年	发文量/篇	环比增长率/%
2013	541	9.299
2012	495	11.24
2011	445	31.66
2010	338	18.60
2009	285	19.75
2008	238	2.59
2007	232	28.89
2006	180	17.65
2005	153	34.21
2004	114	54.05
2003	74	27.59
2002	58	61.11
2001	36	38.46
2000	26	8.33
1999	24	100
1998	12	50
1997	8	−46.67
1996	15	114.29
1995	7	−53.33
1994	15	650
1993	2	−33.33
1992	3	−50
1991	6	100
1990	3	50
1989	2	100

从 1989—2004 年的发文超过百篇用时 15 年，而后面只用了 3 年时间，到 2007 年发文量就超过了 200 篇，之后的发文量更是三四年增长一个台阶，到了

2019 年,年度发文超过了1000 篇,并且上涨趋势明显,可见,有关"信息认知"和"认知行为"的研究正处于发展上升期。

二、信息认知行为影响因素分析

用户的信息行为是个体面对信息需求时所表达出来的从信息获取到信息利用过程的一系列行为反应,多种因素影响了信息行为的表现。

(一)用户的信息认知观对信息行为的影响

每个用户都是一个信息个体,个性独立的思想意识和信息泛在的网络环境影响着对信息的注意和识别、记忆和表征、理解和判断、加工和传播等一系列信息行为的实施,使得用户的信息行为不仅是信息资源的获取和传递,更是信息认知的构建与信息行为的提升。[①]

具体来说,就是用户的信息意识受到外界信息刺激时,根据刺激强度、用户信息意识和知识结构的不同,会产生不同程度的外在和潜在的信息需求,用户对此做出相应的信息行为反应,以满足这些信息需求,而潜在的信息需求,用户会因外界作用和内在转化的激发,表现出一定的信息行为倾向。这种观念—行为方式是用户适应信息环境的自我约束、自我适应的控制机制。

用户信息行为方式是个体人生价值观和知识认知的"外化",表现了人们的思维逻辑、行动特点和社会行为范式。从理论的角度观察,个体学习和接受的无论是科学知识的理论体系、思想框架还是社会伦理的基本原则、行为规范,都树立了人类行动的参照坐标,影响着信息行为的选择和基本意向;从时间的角度观察,用户信息行为是随时间分配和迭代的程序结构,对信息本体、方法和认识的接受、反应方式在时间递进过程中逐步形成和完善;从空间的角度观察,用户信息行为又受活动地点、范围分布、内外环境等条件制约,不同地域的广泛共识或单位范围共同体的基本模式、基本结构与规则构筑起人的行为范式。

---

① 李亚梅.基于认知心理的高校"网络一代"信息行为调查研究[J].图书馆理论与实践,2016(12):88-91.

对于观念—行为控制机制还有通过内驱力理论和诱发力期望理论，以及习惯领域理论和图式理论等进行解释。

内驱力理论又称驱力还原论、需要满足论，是指有机体的需要得不到满足时，便会在有机体的内部产生所谓的内驱力刺激，这种在需要的基础上产生的内部唤醒状态或紧张状态，表现为推动有机体活动以达到满足需要的内部动力。这种信息内驱力若产生好的结果，用户就会倾向反复采用这种行为的趋势，形成一种行为惯式，体现在求快、求近、求新、求省等选择心理的信息习惯上。若结果不如预期，就会进行信息行为的调整，调动人们预存的认知结构以诱发信息环境对信息需要的满足。诱因动机通过完成成果时产生的期望强度对内驱力产生作用，由此推动用户在心理、精神和感情上的需求满足行动。

习惯领域理论主要思想是：每个人大脑所编码存储的概念、思想以及各种信息，如果没有重大的事件刺激或新的信息进入，这个编码和存储的总体将处于相对的稳定状态，而大脑内编码、存储的思想或想法一经稳定，主体对信息的反应和理解就具有比较固定的框架或模式，从而形成习惯性。"习惯领域的基本含义包括两个方面：一是指主体大脑编码和存储信息、知识的总体，称为潜在能力；二是指人们认识问题、处理问题的习惯性，称为表现。"①习惯领域是主体积累的智慧、经验和行为能力，一方面，具有提高主体工作效率和效果的正面效应；另一方面，由于其固定知识结构和惯性思维模式的限制，会影响新信息的进入和接收，从而产生阻碍创新、抑制能力提升的负面效应。

针对人们的知识存储特点和知识运用习惯的稳定性，行为主体需要通过学习等方法来扩展自己的能力集合，以求得更宽广的习惯领域，这样大脑中编码的信息范围就会更宽广、更有系统性，随着信息数量和种类的增多，主体看问题也就更全面、更正确，从而弱化习惯领域的负面效应，突出习惯领域的主体能力。

图式是一种存在于记忆中的认知结构或知识结构。人们通常会很自然地

---

① 吴迪.习惯领域理论与企业知识结构分析[J].科研管理,2004,25(4):34.

把个体进行编码,"被编码的对象之间不是彼此孤立的,相反,他们之间是通过各种方式联系在一起并建立起一个认知结构。这个认知结构就是图式,通常包括一个实体自身的各种属性以及它与其他实体的关系"①。在认识世界时,图式就是一种记忆标识,通过筛选的记忆内容特征帮助提取检索事物的概念性认识和程序性的认识,指导人们处理新的信息,并会结合信息期待,重组新的认知结构或知识结构,从而进行记忆重建。

(二)用户认知心理影响了对信息应激行为的反应和选择

每个人对外界刺激的缘由、范围、角度、深度和广度的理解与自己的认知结构和认知心理是息息相关的,包括对生理特征(身高、体重、体态等)、心理特征(兴趣、能力、气质、性格等)以及关系状况(人际关系、社会关系等)的认知,从而影响自我认知心理、角色认知心理和群体认知心理。

自我认知也叫自我意识,或叫自我,是对自我人格品质和行为特征进行理解的状态描述。自我认知并不是天生具有的意识,而是建立在个人记忆和思想基础之上的,经过不断地尝试和学习的积累,通过思维和想象力,对于自我从身体存在感、行为反应的意识确立到自我心理认知成熟的发展过程。

自我认知包括自我观察和自我评价两个阶段。自我观察是指对自己自体的感知、思想意识形成等方面的觉察,当一个人的记忆和经验达到一定程度后,个体的自我意识就会形成,出现对于自己存在、自我需要、自我想法的观察行为,这种行为一直存在于个体的生活之中。《论语·学而篇》中说:"吾日三省吾身:为人谋而不忠乎? 与朋友交而不信乎? 传不习乎?"意思就是每天都要多次观察自己的言行举止,检查自身的学习状态、做事原则,反省对己对人的行为。

自我评价是指组织并指导社会经验中与自我有关的信息进行的加工,对自己的想法、期望、行为、人格特征及心理状态的判断与评估,衡量标准来自己有经验和认知结构,这是自我状态调节的重要条件。

---

① 乐国安.图式理论对社会心理学研究的影响[J].江西师范大学学报(哲学社会科学版),2004,37(1):20.

由于个人生活在各方面的侧重点不同,与自我紧密相关的行为特征组成了自我认知的内容,其中自我心理认知是一种高级阶段的认知能力。因为心理活动是一种无限的过程,它随着个人经历的丰富、思想和想象力的扩展而不断对自我心理进行总结调整和发展。自我认知心理会影响对信息加工的速度和稳定性,人们在判断和说明与自我认知相一致的信息时,速度要更快一些,接受信息的确定性要强一些。而对来自他人的反馈信息则更注意选择那些可以符合自我认知的信息而过滤掉自我认为是异化的信息。因此,自我认知一旦形成就会不断被强化,然后在新的刺激下重塑认知结构,进入被更新、被超越、被强化的过程。

每个人在不同的时空环境都有着不同的身份,赋予与身份相匹配的行为,这种行为是在社会化过程中受到角色规则的训练和教育的。例如,随着时间成长线从孩童到成年的身份转变,孩童时期的身份更多的是来自家庭、学习场所,成年时的身份更多的来自社会、工作场所。当作为学生身份时,与之匹配的行为主要是学习知识与文化;当作为教师身份时,与之匹配的行为主要是授道解惑育人;这是社会关系对人的身份所形成的角色定位,对人们的行为具有重要的影响。所以当自我意识觉醒之后,就会对自己所处的状态进行一个角色定位,试图从社会角色的属性解释自我心理和行为的产生、变化。

角色认知心理是人们对其在社会中的角色地位、角色期望的理解度,对社会赋予和布置或要求的职责的了解度,当个体根据他在社会中所处的地位规范自己的权利和义务、按照他人的期望显示出来行为时,他就认可了相应的角色。

角色认知心理辅助着人们的角色构建和角色转换。在一个严苛的文化结构中,对角色的领会完全取决于社会构建,角色定位固定明确。准确的角色认知要求人们知道具体的职责权利或者承担的后果,并且知道不同的任务和期望之间的优先顺序和传承方法。

在一个松散的文化结构中,人们通常选择建构有意义的符合自我发展的角色,努力在社会关系中寻求实现自己价值的角色构建。例如,可以通过经验和训练,确认他人角色作为期望来实现,也可以根据社会情境,建构隐藏在一个人行为背后的角色。

　　由于身份的多样性,人们在不同的角色间进行转换,从而形成多面的自我。自我的发展在一定程度上还取决于他人对待自己的行为和评判意见,以及设想从他人角色的观点观察自己,从而产生更加复杂的角色情感和态度。当人们真正相信他们的角色时,他们的行为就是真实的,这时自我和角色就是统一的。而一旦认为角色只是为了满足他人期望而存在的时候,就会产生不真实或抵触的角色认知,从而自我和角色分裂,出现角色冲突,这种情况往往与自我角色转换过程中对不同角色提出不同的甚至矛盾的期望要求有关。应该认识到,人们应该认可个人的不同社会角色,并且以发展的眼光对待不同角色的期望。

　　个体除了按照自我认知和角色认知进行行为调整之外,还会在一定群体范围内互动交流中的模仿行为和经验推理而形成群体认知,从而获得个人认知的提升。这种群体认知形成的社会文化、通用知识等认知规范将会对群体成员的个人行为产生影响,并形成特定的团体图式和行为模式。

　　如同人们习惯给角色贴标签,对于不同的职业、年龄、教育程度、爱好和思维特征等构筑不同的角色印象。例如,教授的角色印象是知识渊博、外表温和、谈吐儒雅,销售人员的角色印象是思想活跃、态度热情、能说会道等。人们对群体也有一定的认知印象,如身体状况的男人强壮,女人柔弱;性格特点的北方人豪放,南方人温和细腻;饮食习惯的南甜北咸、东辣西酸,都是由群体表征抽取出来的认知印象。并且群体本身也有群体认知和模式定位或者称为行为准则,适用于群体的所有成员。

　　群体认知提供一种"模范集合",是群体成员在互动中表现出来的同质性的思想共识、文化观念、行动风格(行为模式)、社会价值、技能习惯等社会表征体系,为群体行动策略提供多重选择和指导。个体在群体行为中不断地生产和再生产风格特质,在群体内进行行为表征关联与符号输出,丰富"模范集合",重塑群体认知,以便建构多元的社会行动资源和行动策略。

　　在社会中,很多群体认知来源于种族、性别、地域的共性,职业、经历、环境的特性,来源于社会建构的形式化的知识体系以及社会制度。

个体与群体成员的类同性、相似性,对身份感知的共情性,对群体价值的认同性,和群体认知、情感的社会归属感,对于群体维系具有重要意义。这种关系和特征的影响渗透在社会互动过程中,会被真实地感知和存在,从而指导人际行为和群际行为。

总体来说,用户信息行为具有以下特点:①具有一定的信息需求;②具备一定的信息获取工具;③开展一定的信息获取活动;④得到一定的信息获取结果。① 用户的信息反应和行为取决于刺激强度、内驱力、诱发因素、习惯强度和直观激发。在用户信息行为的选择上,自我认知心理、角色认知心理和群体认知心理发挥着重要性的作用。个体身份、群体成员资格是确定的认知实在,对个体具有基本的角色认知、价值情感意涵,是个体社会认同的基本源泉,社会群体和社会范畴特质也影响了群体之间、群际之间的互动行为。

第二节　用户认知信息需求分析

人类生存于自然和社会双重环境中,对信息的需求大致概括为来自自然信息的需求和来自社会信息的需求。

自然资源是指人在自然环境中发现的各种成分,具有社会有效性和相对稀缺性的能为人类提供功用的自然物质或自然环境的总称,包括土地资源、矿产资源、水资源、生物资源、能源资源、气候资源等类型,有的表现出实体物质,有的处于无形状态;有的具有生命特征,有的只有物理属性;有的是固定形态,有的则变化多端;有的在目前情况下是限量资源,有的在一定条件下是可再生资源;有的不可重复利用,有的可多次使用。需要指出的是,人也是自然资源之中的一种,并且是地球演化过程中最重要的自然产物。

随着人类对自身认知的加深,科学技术的发展和社会生产力水平的提高,

---

① 李亚梅.基于认知心理的高校"网络一代"信息行为调查研究[J].图书馆理论与实践,2016(12):88-91.

更多形态和性质的自然资源逐渐被人类发现和利用,自然资源的种类日益增多,自然资源的需求也不断地在增加之中被深化和发展。

自然资源是人类赖以生存的环境要素,彼此之间环环相连,具有紧密的联系,形成了一个整体生态系统。在自然资源分布不均衡的情况下,需要摒弃急功近利的思想,充分认识资源最本质的特征,在区域性资源的开发上,必须从长计议,多方考量,实行综合开发、综合利用和综合治理,在做到维护正常生态环境的同时,物尽其用,实现效益最大化。

人类社会的发展需要依赖于自然资源物质和能量的不断供应,在自然资源的认识和资源信息需求的处理过程中,对自然资源信息的"物质"应用特性的消费可升华为社会信息的积累,从而在保障物质生活享受的基础上更多地研究如何满足精神文化需求,以保证有质量的人类社会生活的进步与发展。

一、信息需求的状态

和物质需求一样,信息需求也是人的基本需求,是引发信息消费的原动力,伴随着人类生存,并实现繁衍生息的基本保证。

人们要想满足各方面的需求,就得从事各种活动。在这些实践活动中,人们为解决各种问题必须利用各种信息去完成活动,又会在活动中获取各种信息,从而产生对信息的不满足和必要感。例如,原始人类为了生存进行狩猎等集体活动,在前期的工具准备、猎物痕迹追踪、发现猎物时的信息传递以及狩猎过程的动作配合中,都离不开信息的参与,并且信息的准确传达率越高,狩猎的成功率越高,久而久之,人们对信息的重视度就越高,对劳作过程中的信息需求就越多。在生活中积累的自然信息经验就会作为社会知识信息而流传下来,一点一点地改造人类的认知和信息含量,信息需求成为人类活动中最活跃的主动因素。

信息需求根据认知程度,大致状态可划分为客观状态、认识状态和表达状态等三个层次。

客观是一种本来存在的状态,是未掺杂任何个人感情、偏见或意见,不以人的意志为转移的实际表现。信息需求的客观状态是信息对象主体的构成存在于信息对象之中,表征对象内涵又体现信息被需要的必然属性。信息需求的客观状态被观察到的部分,由于受观察者个体局限性的影响,被观察事物的性质和规律随观察者意愿具有一定的主观性,对信息需求的认识因此表现为不同状态。而被认识到的需求,并不能保证能够被全面表达出来,一种情况是能正确地表达出来,还有可能是部分表达出来、部分以潜在的形式出现。例如,表面和浅显的需求最先被表达,容易被用户自己和别人识别,当被表达的需求得到满足时,受外界刺激或实质性的应激提醒,未被满足的潜在需求在一定的客观条件下被唤起。被唤起的信息需求又转化成现实需求进入表达状态,形成一种需求的递进与提升。(见图3-4)

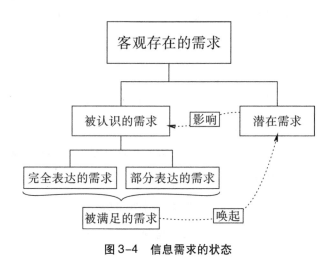

图3-4　信息需求的状态

所以用户的信息需求不是一成不变的,而是随着时间、空间的变化以及已有信息含量的补充发生着变化,处于一种运动的非稳定状态,但是在动态之中又存在着一定的规律。

根据不同的情况,受客观信息环境因素和主观信息素养的影响,用户对信息需求的认识会有很大的不同。客观信息环境因素是指个体或群体所接触的一定社会时空范围内的信息产品或信息服务及其传播活动之间相互作用而构成的总体环境,包括社会生产力发展水平、技术能力、信息标准和信息制度等具有相互依存关系的多种因素的集合。信息环境具有社会控制的功能,制约着人们的信息行为,受此影响,会形成具有该社会该时期信息环境的特色和潮流。

主观信息素养是个体获取信息、处理信息、利用信息、创新信息、管理信息、信息实践和协作的信息意识和能力素质。信息素养包含文化素养、信息意识和信息技能三个层面,是一种综合能力,直接影响人们的信息需求程度。

文化素养对辨析现实需求和潜在需求有很大的帮助,具有同等知识结构的群体,有着同一需求等级的信息认知特点。较强的信息意识提高了需求的清晰度和持续性,从而使得信息活动的动机稳定、行动明确,用户满足信息需求的努力程度也就越高。而不断进步和高效的信息技术工具和手段为利用信息提供了便利,经过训练的信息技能是用户实现信息需求的可靠保障。

信息技能在信息实践操作中发挥着重要的作用,通过信息需求确定信息任务,在可能需要的信息范围内利用信息工具进行有用信息资源的获取,然后判断和选择决定利用的信息资源,并对信息资源综合处理,进行评价和分析信息需求的完成或满足程度,从而发现或激发新的信息需求。(见图3-5)

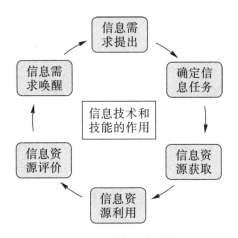

图3-5　信息实践过程

二、信息需求的类型

不同的用户对信息的需求内容、服务方式和信息产品等呈现不同的要求特点。

根据信息需求的内容可分为知识型、消息型、数据型、事实型、资料型、分析型、评价型等多种类型。根据用户的不同功用和目的,对信息产品的内容及信息加工层次自然就有不同的要求。例如,面向知识工作者的科研任务需求,信息产品的内容就应该以知识型、资料型信息资源为主,在基础资源无法满足需求的情况下,提供分析型、评价型的信息产品是挖掘用户潜在需求、拓展信息服务的一种方式。而对于一些信息密集的经济场所,用户集中体现的是对消息型、数据型、事实型的信息需求,经过快速反馈和数据分析,寻求获取最大利益的信息来源。

根据信息需求的表达情况,可分为现实需求和潜在需求。用户对信息需求的认知被完全表达出来,并被接受成为现实需求,这是最理想的需求状态。可是多数情况下,信息需求并不能够或无法彻底用语言表达出来。信息需求源于信息需要,而信息需要在任何时候都不会饱和,潜在需求隐藏在信息需要之中,等待信息从业人员去挖掘和发现。潜在需求对于现实需求来说,是一种且未被满足的需求,它可能是受已满足的现实需求激发,也可能是一种全新的需求。潜在需求的发掘及其满足,与信息用户的信息素养有关,与信息人员开发信息的能力和程度有关。潜在需求的开发,信息用户对信息的消费量有所增加,信息人员就会产出新的信息产品,双方合作范围扩大,信息服务进入良性循环,这是信息服务的积极状态。

按照用户信息需求的层次,可分为基本信息、加工信息、分析信息。一般来说,基本信息就是检索或搜集到的资料信息本身的初始客观状态,或称为一次信息。除了信息提供者,没有其他外在人员参与信息内容的创作,如一篇文献不加处理的原原本本的内容提供,或者不加剪辑的音像作品等。加工信息是对检索或搜集的资料在原有基础上,按照用户需求进行再次加工处理或创作,信息工作者参与了信息内容的制作,提供的是深层次的信息,如对检索信息集合按内容进行归类,整理出同类文献的主题发展脉络关系等二次信息产品。分析信息是指对检索或搜集资料的知识单元(题名、作者、单位、主题、时间、来源等知识节点)进行数据分析,寻找信息集合的特征和研究特点,如对检索信息集合做单位聚合、时间排序等加工处理,分析单位在时间上的信息公布规律,方便用户发现和利用与自身需求关联度高的信息。

根据提供的信息服务类型,可分为传统文献信息服务、实体物品服务和动态交互信息服务等。文献信息服务是主要提供以文献资源作为信息产品的服务,包括文献借阅、文献复制和传递、文献宣传报道、文献检索证明、文摘及文献综述、科技查新、文献分析评价报告等多种服务项目。文献借阅服务是传统文献信息服务中最主要的服务之一,文献复制和传递是对普通借阅服务的一种补充;文献宣传报道服务是信息服务机构的展示和推广,文献检索证明是对公开文献和学术水平的一种情况查证。上述服务是最基础的初级信息服务,是对信息资源的原始呈现。

文摘服务是对文献资料进行浓缩精炼,提供包含主要信息的精简摘录,方便用户节约时间并且进行有效选择。文献综述服务是根据用户研究课题或专题的需要,集中搜集相关联的原始文献,并对文献进行主题归纳、问题总结、焦点讨论、技术进展等整理和分析研究之后,向用户提供学术动态、观点更新、发展前景等综合研究成果的服务方式。科技查新是根据用户项目课题的研究内容,通过文献检索,结合情报调研方法,依据信息检索结果,对查新项目与现有研究进行分析比对,审查其新颖性,以及与现有研究在内容、技术、方法、指标等方面的区别,提供出具有客观文献凭证的评判结论。简单地说,就是根据用户的信息需求,利用一定的检索工具或数据库,按照一定的检索策略筛选出符合用户需求的文献信息,并对信息进行分析对比、审查用户信息需求新颖性的服务过程。文献分析评价报告则是根据用户的专题需求,以检出的文献集合为依据,利用分析评价工具,对检索结果中需要分析的知识单元进行计量统计,以加工整合的数据和文字向信息用户传递特定专业主题的研究现状、发展趋势等信息。文摘及文献综述、科技查新、文献分析评价报告等服务是对信息进行专业加工的高级信息服务,是对信息资源内涵的深层呈现。

根据提供信息服务的方式,可分为常规服务、推送服务、课题定制服务、个性化服务等。信息服务机构依托自身的信息资源和人力资源等情况,会开展一定的常规服务,如纸质文献的借阅、电子文献的提供、信息咨询和检索证明等,以满足一般用户的基本信息需求。信息服务机构面对需要更多信息需求的用户时,会采取一些特定服务,如定期或不定期推送最新专题文献快讯、研究热点等服务,为项目需要提供文献保障的课题定制和信息跟踪服务,以及实现和满足用户自己设计的需求模式的个性化服务。

三、信息需求的影响因素

(一)人类需要层次理论的影响

美国社会心理学家亚伯拉罕·哈罗德·马斯洛(Abraham Harold Maslow)于 1954 年出版《动机与人格》一书,认为满足产生新的动机,"人是一种不断需求的动物,除短暂的时间外,极少达到完全满足的状态。一个欲望满足后,另一个迅速出现并取代它的位置,当这个被满足了,又会有一个站到突出位置上来……人类只能以相对或者递进的方式得到满足……需求似乎按某种优势等级、层次自动排列"①,并将基本需要分为五个层次。

(1)生理需要(psysiological needs),即人类个人的生理机能正常运转、维持生存及延续种族的需求。如对食物、衣物、住宿等的需要,生理需要起着疏导其他种种需要的作用。

(2)安全需要(safety needs),即寻求安全和保护,免于遭受威胁、混乱的折磨。如人身安全,健康保障,财产安全,对秩序、法律、体制等的需要。

(3)归属与爱的需要(belongingness and love needs),即被他人、团体或社会

---

① 马斯洛.动机与人格[M].许金声,译.北京:中国人民大学出版社,2012:9.

接纳、爱护、关注、鼓励等得到的爱和感情的需要。如友情、爱情、亲情、与他人建立联系、加入集体、获取位置、得到支持认同,既包括接受感情和爱,也包括给予感情和爱。

(4)自尊需要(self-esteem needs),即获取并维护对自己稳定的通常较高评价的需要或欲望,可分为自尊、他尊和权力欲。如对实力、权力、成就、优势等的自信,独立自由等的欲望,自我尊重、自我评价和尊重别人,以及对名誉或他人赞赏的需要。

(5)自我实现的需要(self-actulization needs),即人对于自我发挥和自我完成、自我潜力得以实现的需要,即个人所有需求或理想全部实现的需要。在满足这一需要时所采取的方式和实现的层次,人与人是大不相同的,因为人们自我实现的需要目标是不同的。但自我实现的需要共同之处在于,这种层次需要的出现建立于生理需要、安全需要、归属与爱的需要、自尊需要等的满足之上。

各层需要之间是有先后顺序、高低之别的。生理需要、安全需要是最基础的人类实现生存的对物质的需要(material needs),归属与爱的需要、自尊需要、自我实现的需要是高级层次的精神需要(mental needs)。当最初始的需要获得满足之后,较高层次的需要才会递进产生,就像转动的齿轮一样,基础需要带动高级需要,一个层次一个层次地满足人类不断产生的各阶段的需要。物质需要的满足相对比较客观,直接体现为物质水平的提高,经济环境、教育环境等的改善。高层次精神需求得来的满足则较为主观,如对幸福的理解就仁者见仁,智者见智,对成功的定义也是大不相同。所以当个人接近自我实现的目标之前可能还要满足诸多高层次需要,才能获得充分展现自我发展的理想境界。

之后,马斯洛又在自尊需要与自我实现的需要层次之间补充了认知需要(need to know)和审美需要(aesthetic needs),细化成为 7 个层次:生理需要、安全需要、归属与爱的需要、自尊需要、认知需要、审美需要、自我实现的需要。(见图 3-6、图 3-7)

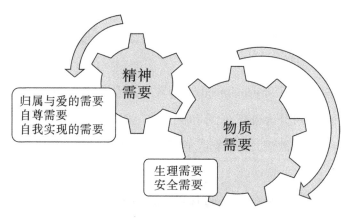

图 3-6 马斯洛五层需要理论

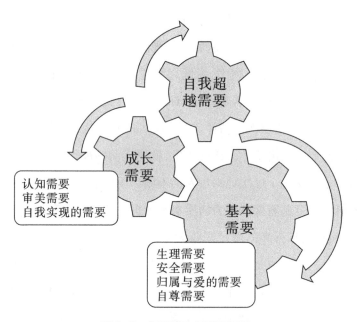

图 3-7 马斯洛七层需要理论

认知需要(need to know)又称知的需要、认知与理解的需要,指个体对自身和周围世界的探索、判断、变化的理解以及解决疑难问题的需要,可以由被动认知需要和主动认知需要两种形式获得。认知需要是提升个体能力,克服自我目标实现阻碍的工具,当认知需要受到阻碍时,其他需要的满足也会受到影响。

审美需要(aesthetic needs)又称美的需要,指对美好事物的欣赏,对美的生理、心理需求和精神的向往,并希望事物反映本质特征、有秩序、有结构、遵循自然纯真等心理需要。人们对于美的需要是提升自我需求的途径,以审美的表现方式追求自身的价值。

七层需要分为两大类,前四层称为基本需要(basic needs),较高的后三层称为成长需要(growth needs),就像生物的进化和发展一样,基本需要的实现产生推动力和刺激作用。在社交中寻求的归属感和在尊重中寻求的存在感激励高级追求的产生,在成长需要获得认知满足、审美满足和自我实现之时,会产生一种自我超越需要(self-transcendence needs)。

自我超越需要是一种在精神上趋于完美境界的需求,在自我实现的创造过程中,不仅实现了人生价值和理想目标,还产生出一种所谓的"高峰体验"的情感,这种情感超越了成就感的满足,呈现了最完美、最和谐的状态,是一种内在价值和内在潜能激发的实现。

需要层次理论具有环境性和情境性,因为已得到满足的需要就不再是需要,机体的控制者和行为的组织者关注和看重的是未满足的需要。

(二)人类生存环境和自身因素的影响

需要层次理论反映了信息个体受所处环境(包括自然环境和社会环境)和自身文化、心理等因素的影响,对信息的需求和反应,呈现不同的信息行为特征。

自然因素、社会因素影响着信息需求的宏观特征,职业因素影响着信息需求的主要内容,而个体因素和团队因素影响着信息需求的微观特征。这些因素使信息需求立体化,各种信息需求的状态和表现形式组成一个有机系统,构成了内容丰富、层次突出又具特征的信息需求。(见表3-2)

表3-2　信息需求的影响因素

影响因素	具体内容
自然因素	自然资源状况：影响社会生产力、约束产业结构、决定社会产业信息需求
	地形、地理地貌：气候条件、交通状况，影响物质需求和经济建设
社会因素	政治制度和国策：政治环境决定着社会信息需求和利用模式
	法律和社会道德：规范社会信息需求的内容、结构和行为
	人口信仰与教育：决定信息需求的总量、智能结构、科学层次和信息利用能力
	科学技术与经济：影响社会信息需求的类型、水平和满足程度
	社会产业和结构：呈现社会信息需求的多元化、复杂化和高级化
团队因素	团体信息感知程度：影响个体对信息需求的敏感度和方向性
	团体观念的认同：影响团队成员价值观及团体对信息需求的同一性
	团体情绪与心理状态：影响信息需求的统一性和积极性
	团体智能和知识结构：影响信息需求的深度和控制性
职业因素	学习型：需求学科范围广泛、知识确定并完整的信息
	应用型：需求具体性实用性强、阶段性新颖性突出、快速获取或物化的信息
	管理型：需求分析性选择性强、全面系统、客观可靠的完整信息
	研究型：需求学科范围明确且内容专深、时间跨度大、逻辑性准确性强的信息
个体因素	受教育水平和知识结构：决定了信息需求的数量、质量和类型
	信息素质和行为习惯：影响潜在信息需求向正式信息需求的转换
	个人兴趣和心理特点：影响信息需求的数量和稳定性

　　自然环境对个体信息需求产生的影响是宏观的。地理因素是自然形成的，所处其中的个体是会得益于此的丰富的物质资源，还是受制于此的交通状况，完全不受个体意志为转移。人类在自然环境中，最先考虑的是物质的需求、生存条件的需要。地形地貌、气候条件、交通状况营造的是生存环境，人们要在生活中总结经验、摸索规律，使用智慧探究环境带来的一切可搜集可利用的信息，以保障基本生存的满足。当处于一个物产丰富又具有便利交通的地理环境时，这种探索自然资源信息、满足物质需求的过程可能相对轻松和便捷。自然因素

阻碍或促进了人类生理需要的满足,常言道:"仓廪实而知礼节,衣食足而知荣辱。"基本物质需求的满足会促使经济文化信息的需求以及对高质量生存条件的追求。

人类是群居生物,个人的安全感、归属感和尊重感的获得来自社会和团体。从社会宏观因素来看,政治制度和国策的确立决定着社会信息需求和利用的保障基础和实现模式;法律和社会道德的形成规范了社会信息需求的内容、结构和行为;科学技术与经济发展水平影响了社会信息需求的类型、结构、层次及满足程度;经济促进的教育自由保障是获取安全和稳定的需要;社会结构和阶层的认同以及团队的接纳是个人归属感和尊重感建立的基础。

从团队因素来看,个体是团队组成的基本单元,虽然会集了众多的个体特色需求,但团队是因为一个共同的目的、利益、理想或追求而联合起来的一群人,形成的正式或非正式、长期或短期的组织,是一个有机的整体。团队整体受内部个体认同接受的行为表现出的观念意识的影响,又同时对个体产生影响,形成团队认知和意识,即整体配合意识,包括团队的目标、团队的角色、团队的运作、团队的感知和团队智慧等方面。

其中目标意识是团体内部形成紧密联系系统的主要因素,一些独立的个体之所以会自觉地结合在一起,就在于这些个体之间存在共同的利益目标这个内在的关联。目标意识一方面表现为感受团队目标的动力和激励,另一方面表现为感受团队的组织和统摄力。督促个体为了共同利益而努力,目标达成是团队凝聚力的根本所在。

团队中角色意识和行动意识使得每个成员明确自己的权利和职责,认可在执行任务时,根据个人的贡献和负责的程度来界定在集体中应有的位置及其生存价值,从而对团队行为具有天然的服从性,并且在处理个人与个人、个人与群体的关系时,以遵守一定的组织原则为行为准则,从而实现团队管理的和谐与有序。

团队感知和团队智慧来源于团队成员对团队成功完成特定任务所拥有共同能力的信念和实践经验的总结体现,体现了团队观念的总体认同,但又会因为团队的统一性和排他性影响团队智能整体知识结构和知识体系的合理构建。其中团队信息感知程度影响个体对信息需求的敏感度和方向性,团队成员会忽视自身的信息感知而附和团队信息意识;团队观念的认同影响团队成员价值观,个体本体的价值观念会因得不到其他个体的认同而不被提起,从而促使团体对信息需求的同一性,行为举止经过长期潜移默化的结果,往往表现为自然而然的遵从和无条件地接受;团队情绪与心理状态影响信息需求的统一性和积极性,个体情绪受团队氛围的影响往往被引导向脱离自我、随波逐流地演化成个体信息的无意识表达。

从个体微观角度来看,针对不同类型的职业规划而进行社会学习,获得的职业技能满足了个体认知上的需要。例如,学习型的职业需要深入学科知识确定并完整的知识学习体系,在对信息的掌握上比较广泛和全面;应用型的职业需要实践操作性强、快速获取或物化的知识学习,在对信息的掌握上比较具体和新颖等。

对个人而言,宏观因素的影响是巨大的,而且不容易改变,而个体因素相对就比较容易做到有所变化。个体因素包括自我认知、行为特征、个性倾向和气质类型。个体教育程度、知识结构和兴趣爱好影响了对信息需求的数量、质量,从而影响了对自我实现目标的确立、实现途径的选择和满足程度的要求。个体优良的行为习惯和较高的信息素质会影响自身对美的认识和信息的追求,从而激发潜在的高品质信息需求,提升信息需求层次。

第三节　学科服务用户认知体系构建

根据层次需要理论,低级需要的满足促进高级需要的产生,而需要的满足和实现受多方因素的影响。学科服务的开展也要遵循层次需要理论,面对处于不同信息需要阶段的用户开展全方位、多层次的学科服务。

从宏观角度范围来看,当地不同的社会环境、经济条件、产业结构、科学生产力发展程度等因素影响着学科服务开展的内容和广度。从微观角度来看,不同个体的知识体系、职业素养、团体智能和感知、科学技术水平等因素影响着学科服务开展的层次和深度。

例如,对于以突出科学研究工作的单位,对学科服务的要求是全方面高层次的,文献资源、数据资源的保障只能是基础需要,更高层次的需要是利用高端先进的数据分析技术手段对资源高完成度的评价和利用。

因此不同国家、不同地区、不同单位要根据各自的学科建设、实际信息需求情况以及服务人员信息素养等多方考虑选择开展学科服务的内容和服务方式,开展融合用户角色认知、用户需求认知、服务层次认知、服务方式认知的多角度多层次的学科服务。(见图3-8)

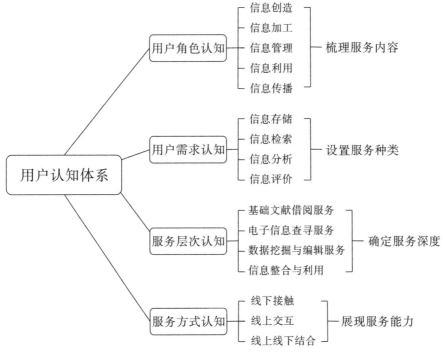

图3-8　用户认知学科服务体系

一、用户角色认知

学科服务机构以文献资源和科学数据为科学研究基础信息,与信息创造者、文献加工、数据分析、评价咨询等各阶段的用户都建立了稳定的服务关系。根据用户角色认知梳理学科服务内容,以保证学科服务范围的完整和全面。

一般来说,信息创造者包括物理文献资源和电子信息资源,他们既是资源创造者和资源使用者,也是对文献进行加工和研究的主体,既是学科服务需求的用户,也是学科服务资源的提供者。其主要涉及个人用户、团队用户和机构用户。

个人用户主要包括师生和科研人员,他们需要相关学科领域的文献和数据,结合专业整理和分析,形成各类研究成果,如著作、学术论文、专利、研究报告等,这些成果的产生提供了数据的二次加工与分析的基础,循环进入可利用资源集合。

团队用户是多个具有相关研究方向和研究背景的个人用户的集合,产生资源和利用资源的数量和增量都要大于个人用户。因为团队用户一般都有一个较为统一的课题研究方向,对于信息的需要可能会比较系统和全面。

机构用户是作为非自然人出现的用户,更多的是对机构产生或购买的信息进行有效管理及利用,需要的是机构信息资源组织的系统化、信息资源的共享以及信息资源的利用成果和利用效益。

面对不同角色的用户,学科服务的内容要涉及信息创造者的资源收集以及学科资源建设,立足学科,细化特色,围绕学科专业结构特点和学科规划,评估现有资源投入产生效能,合理配置资源种类和资源用途,做到既能节约资源,又能保障对机构教学、科研等任务及机构发展的信息资源支撑。

学科服务的内容还要涉及信息加工程序和加工质量等方面的督查,对信息源进行筛选和判别,保证信息的真实可靠性;对杂乱或孤立的信息进行分类和排序,保证信息的易用性;对有序信息进行分析和研究,以保证信息加工的准确性。

　　学科服务的内容还要涉及信息资源的组织和控制,面向的是融合文献数据与科学数据的综合管理。不仅采用多种技术手段和方式对信息集合进行安全贮存和高效提取,还要采用经济的、政策的、法律的方法对信息资源和信息流(包括非正规信息流和正规信息流)进行控制,以保障高效利用信息资源,最大限度地实现信息效用价值。信息管理主要服务对象是宏观决策制定、参与信息利用与共享的主要信息用户。

　　学科服务的内容还要涉及信息增值利用以及服务绩效评价,在提供被动式利用信息的基础服务方式之外,开展信息报道、嵌入科研等主动式信息推送和走出办公室、走进教研室等上门服务,以扩大信息利用范围和利用途径。同时注重信息利用服务的绩效评价,基于服务内容和服务成果,对服务流程、服务业绩、服务能力进行定期或不定期的考核和评价。

　　学科服务的内容还要涉及信息推广和信息传播,既要对已有信息资源在信息空间内进行广泛传递和共享,让更多的服务用户及时接触到、了解到、获得相关的信息资源。信息的传播不要拘泥于途径和形式,在信息化网络化的社会,可利用多媒体形式,整合包括文字、声音、影像、图片或数据等多种形态的信息,将信息便捷又高效地传播到信息共享空间或平台,以扩大信息资源的影响力。除此之外,更要对服务用户产生的新的信息资源进行关注和采集,同时做好课题研究进展和研究成果的跟踪服务,这也可以成为服务绩效评估的一个因素或环节。

　　信息资源传播主要围绕各类信息发布平台,注重实现不同类型信息的整理、分类以及使用的便利性、功能的全面性,并不断地丰富信息资源种类和数量,关联文献数据与科学数据,实现跨平台、多类型信息的整合与分析。

二、用户需求认知

　　因为服务用户的角色和身份决定了信息需求,用户角色的相互转化与信息需求的紧密联系使得服务种类根据需求进行相应的设置和调整,服务项目需求越来越细化和具有综合性、个性化。根据用户需求认知设置学科服务种类,服务种类大致可宽泛地分为信息存储类、信息检索类、信息分析类、信息评价类。

信息存储是将经过加工整理序化后的信息按照一定的格式和顺序存储在特定的载体中的一种信息活动。包括购买资源和自产资源,目的是便于信息管理者和信息用户具有足够的信息资源存量支持,以满足对信息资源完整性的要求,保证正常工作的有序进行和科学研究的有效开展。

例如,学科导航数据库的建设,按学科门类将学科信息、学术资源等集中在一起,以实现资源的规范搜集、分类、组织和序化整理,并能对导航信息进行多途径内容揭示,方便用户按学科查找相关学科信息和学术资源。其中对学科资源、存储内容选择的标准,描述标准和数据存储规范,对存储介质、存储形式、存储技术的要求都要保障信息用户机构制定的信息资源建设规划和建设目标的完成。

信息检索经历了手工检索、计算机检索到网络化、智能化检索等多个发展阶段,检索对象从场所相对封闭、存储相对集中、数据相对稳定、管理相对独立的信息内容扩展到空间开放、数据传递迅速、增量动态更新、分布广泛、管理松散的信息内容。随着用来描述文献特征和表达信息检索提问的专用语言从人工语言发展到自然语言,检索语言的易用性使得信息检索人员由原来的情报专业工作者扩展到包括商务人员、管理人员、教师学生、各专业人士等在内的普通大众,虽然检索行为从专业人员扩展到广大信息用户均可施行,但在对检索信息的检索效率(包括检全率和检准率的要求)的保障上还需要专业人员的辅助。

信息用户可以进行简单的信息检索,以满足最基础的信息需要,但时间和精力有限,对于网络海量的信息资源和层出不穷的数据库,以及需要利用多种检索工具和检索技术手段才能实现的精准或综合的信息检索目标,确实需要经过专业技能培训和信息服务人员去帮助完成。所以信息检索也是具有专业性的服务工作,以节约信息用户花费在信息资源搜集和整理方面的大量的时间为主要目标。

信息分析以服务用户的特定需求为依托,以定性和定量研究方法为手段,通过对相关信息的收集、整理、鉴别、比较、整合等系列化加工过程,形成具有综合逻辑思维与提炼观点,或者具有定量数据支撑的增值信息产品,成为服务于不同层次科学研究的智能活动。

信息分析也称为情报分析、情报研究或情报调研,是根据特定问题的需要,对大量相关信息进行全面采集与按序整理、深层次的思维加工和比较分析研究,形成有助于问题解决的增值信息的服务过程。信息分析是一种高层次的深加工信息服务,在现代信息分析与信息咨询活动的大量需求情况下,在分析技术、分析软件不断迭代,分析方法不断完善的背景下,信息分析得到了迅猛发展。

信息分析服务课题可以是用户需求委托,也可以是服务机构自选,不管服务对象是谁,都要根据课题目标,围绕课题学科研究范围和研究内容、进度计划等条件组织信息分析人员,制订详细的研究框架和工作计划,注重对相关信息的搜集与整序、选择优化的分析工具和分析方法,根据成果要求进行全面性、准确性及针对性的背景描述、现状分析和发展趋势预测,提交能够解决课题问题的调研分析报告。

信息评价一般包括比较型信息评价、预测型信息评价、跟踪型信息评价、利用型信息评价等类别。比较型信息评价结合定性定量分析方法,通过信息比较寻找事物间内在联系,认识事物的本质区别和差异,从而对提出的问题进行可研性判断,并对目标的认定、可行性方案的选择或拟定提供参考性建议。预测型信息评价是以已经掌握的数据情况、知识来源为依据,利用科学的预测方法,推知和判断事物的未来或未知状况,可产生预测定量数据,也可以是依靠专家的直觉和经验,对缺乏数据分析的概念或政策性问题做出定性推断。跟踪型信息评价是根据用户科研的延续性需求,对特定信息进行广泛收集和加工,以文献型、事实型和数值型存储集合作为常备工具,在此基础上随时补充增量信息,更新信息集合,以此掌握相关领域的研究动态,及时了解研究热点和发展前沿及发展趋势,从而启发研究思路,能够发现问题、提出问题,并寻求解决问题的方法和途径。利用型信息评价是对信息资源的使用和利用的评价,是对资源信息从概念框架、组织方式、结构模型、系统功能、信息获取、信息存储、信息传输、信息加工处理和信息质量等方面的科学性所进行的总体和局部的评判,以此对信息资源的建设决策提供前提和依托条件。

三、服务层次认知

根据学科服务对信息资源的加工程度和对信息资源提供过程的介入程度，可对信息服务进行分层分级，大致分为初级层次的学科服务、中级层次的学科服务、高级层次的学科服务。

初级层次学科服务的产品是指基础文献的借阅服务，这是对信息产品（主要是图书、期刊、机构内部文献等纸质信息资源）进行初级的整理排序后对外实行的借阅服务，服务人员只介入信息资源前期整序过程，不介入用户对信息的选取和使用。基础文献借阅服务需求来源于满足基本工作和学习任务的信息资料查寻，也是使用量最大、利用率最高的基础服务。

随着信息电子化、数据化和网络化进程的加快，计算机技术、通信技术和高密度存储技术的迅速发展和在各个领域里的广泛应用，电子信息资源呈现级数增长的态势。电子信息资源是信息技术发展的产物，它的产生、发展和广泛应用给人们收集信息、存储信息、利用信息带来了极大的便利。但是在海量的电子信息中，人们广泛受到信息噪声和信息污染的困扰，用户对电子信息资源的准确查寻和检索服务需求增加。电子信息资源查寻是依据电子信息存储形式、载体特点、检索系统功能、网络设施等条件，根据用户需求，对信息资源进行有针对性的搜集，并通过服务人员的判断对命中的信息集合进行数据的人工选择和整理。电子信息资源查寻服务中，信息服务人员将自己的意见介入了信息选择环节，加大了对信息的加工程度，可以称为中级层次学科服务。

高级层次学科服务是对信息资源进行了深层次的介入和加工，从而产出高质量的信息增值产品。它包括对信息挖掘，对检索结果集合按用户信息需求的编辑和整理，对信息外部特征或内部特征的整合与利用等。

信息挖掘是利用信息技术按照制定的信息资源获取标准，从各类信息源中抽取先前未知的、完整的信息进行关键业务决策的过程，按照信息资源类型可分为数据挖掘和文本挖掘，按照信息状态可分为静态信息挖掘和动态信息挖掘。信息挖掘是对相关信息的快速采集,是一种极大节约信息查找时间的技术手段。还有另一种理解,就是从获取的信息资源集合中,通过分析发现其中暗含的信息,从而将隐性资源显性化。

信息编辑是根据用户要达到的信息成果目标,对检索结果数据集合进行重新规整,对检索结果信息主题进行知识单元的汇总或整理,对检索结果信息内容进行筛选和提炼,使之成为概念明确、条理清晰、数据翔实的信息研究报告。信息编辑是对信息产品的形式梳理,有信息和数据上的加工痕迹,但少有服务人员的主观分析论点。

信息资源整合和利用是根据一定需要,对各个相对独立的信息资源系统中原本离散、多元、异构、分布的数据对象、功能结构和信息资源,通过逻辑或物理的方式进行融合、类聚和重组,重新结合为一个新的有机整体,形成一个效能更好、效率更高的信息资源体系,从而保证信息资源得到更好的管理和利用的过程。信息整合和利用的过程体现了服务人员的工作能力和学科智慧,不仅要利用检索技能和检索工具融合多种来源渠道的信息,还要利用服务人员的学科知识结构,按照一定的原则判定和重组有效资源,并利用分析工具和软件,将其加工成全面展示信息的内部或外部特征的信息产品。这些产品不只有信息的集成和聚合,还介入了服务人员的思想和观点,以辅助用户对信息产品进行更好的理解和应用。

四、服务方式认知

信息服务方式是指服务机构开展信息服务的具体形式或采用的方法。社会是发展的,用户的需求是变化多样的,对于满足用户需求的服务内容也要推陈出新,一成不变的服务方式根本满足不了用户日益增加的信息需要。

伴随计算机技术和网络技术的发展,本着用户至上的原则,学科服务方式由传统的固定、单向、被动的方式,转向灵活、多向与主动的方式,充分利用现代化多媒体技术,采取线下接触、线上联络、线上线下结合的方式进行信息服务。

线下接触是最常用的传统学科服务方式。服务机构根据自身资源储备、服务人员工作能力等条件制定服务范围和相对固定的服务项目,然后等待需求用户到服务场所进行现场单向信息咨询等服务。流程式的服务看起来虽然规范,但是缺乏人性关怀,这种方式需要用户花费大量的时间在路途和等待上,时间成本太大,用户甚至可能需要多次光顾服务场所才能得到满意的服务结果。但线下接触的优点也是显而易见的,因为面对面交流在沟通上一般不会存在障碍,对信息需求理解上一般很少产生歧义,这保证了信息服务成果的准确性,也提高了信息服务的满意度。

随着计算机设备的使用和通信技术的发展,电话线、网络线等线上服务发挥了迅速便捷的优势而成为必不可少的主要服务方式。电话是服务人员与用户一对一直接交流的工具,沟通相对顺畅,但是存在占线情况,减少了学科服务的接待数量,增加了用户的等待时间。电邮,又称电子邮件,是一种由寄件人通过互联网将数字信息发送给一个人或多个人的信息交换方式,以达成发信人和收信人之间的信息交互。用户无须排队,电邮可以同时接收大量用户的信息请求,是互联网上最受欢迎且最常用到的功能之一。但是寄信人、收信人可能不是同时在线,使得用户的需求不能得到立即响应;在此之外,多媒体技术的应用,使得社交网络平台进入学科服务之中,并被广泛利用。最开始的博客、贴吧,都是常用的与用户交流的工具,到 QQ、微信等即时通信工具的使用,交流内容涵盖语音、短信、视频、图片和文字等多种表现形式,提供公众平台、朋友圈、消息推送等多种功能,极大地丰富了学科服务双方在沟通交流和信息描述等方面的途径选择。

线上交互方式方便、实用、超高效,并且多样化,但是解决不了所有的信息需求,仍会有一些服务需要用户到现场完成。因此,目前学科服务一般采取的是线上线下相结合的综合性服务方式。多数情况下是先在线上进行事前交流和服务定制,节省时间,等需要的时候双方再进行线下见面、详细沟通。例如,用户提出超出已有服务范围的信息需要,通过线上平台将相关材料传递给服务人员,双方对个性化需求达成一致理解后制定服务方案,此过程无须面对面也可完成。但是为了更好地深入服务层次,学科服务人员往往需要与用户当面交流意见,寻求最佳服务方案,达到最优服务效果。

服务方式的拓展使得用户更多更具体的服务要求有了多种实现的渠道和方式的选择。从学科服务来说,不同学科对信息的需求特点是不相同的,根据用户的设定,突破现有资源的限制,借助计算机网络技术以及服务人员的信息素养和专业技能,识别特定用户需求特点和科研背景,分析用户需求差异和成果定位,从而达到精准服务的效果。多种服务方式的结合使用反映了服务人员对现代技术手段的熟练应用和解决综合问题的能力,也是服务机构注重用户体验、适应网络化信息服务理念的必然选择。

第四节　学科服务模式选择

用户的需求是个有机整体,虽然受多方面外在环境和内在心理因素的影响,但是又具有系统性和连续性的特点。尤其在科研性质突出的高等院校,用户往往有持续性的信息需求,传统的固化被动式服务已不能满足用户多样性、持续性和深入性的信息需求,学科馆员需要深入用户的科研或教学活动中,才能帮助他们发现更多的专业资源,梳理学科资源研究状况,提供专业性较强的信息导航,为用户的课题和项目研究以及教学工作提供建设性信息服务。这种主动嵌入式的学科化创新服务,是一种开拓性的服务模式,也是学科服务创新意识和个性化特征的具体体现。

目前,我国高校图书馆学科服务根据提供服务的内容主要分为以下几种模式:传统的学科服务模式和嵌入式学科服务模式;根据学科馆员的设置方式可分为"学科馆员—图情教授"模式和"学科分馆—学科馆员"模式,"这是由于各高校图书馆学科服务所处的发展阶段不同造成的差异,这也意味着图书馆建立学科分馆是学科服务模式走向成熟的标志,也是学科服务阶段发展的分水岭"①。

---

①　沈洋.985高校图书馆学科服务的调查与分析[D].合肥:安徽大学,2016:15.

一、"学科馆员—图情教授"模式

(一)"学科馆员"职责

高等院校图书馆根据院系学科设置和科研的需求,为了提高图书馆综合服务水平,建立"学科馆员"制度。其主要目的有两个:一是通过选取具有专业素养和一定外语水平,能够熟练操作计算机等先进设备,能够掌握多种现代化系统和软件应用的高水平专业人才担任"学科馆员",为对口学院(系、学科)提供各种信息服务,并制定出学科馆员管理考核办法,接受图书馆和对口学院(系、学科)双方的监督考核。二是利用"学科馆员"对馆藏文献资源的熟悉程度,及对服务院系的文献资源需求的了解程度,对馆藏文献资源的规划配置提出合理化建议。并依托学科资源构建知识服务体系,运用工作能力推广馆藏文献的使用,提高信息资源的利用率,达到深化学科服务、提升服务层次、扩大图书馆在资源保障和助力科研等方面的影响力的目标。

作为对图书馆信息资源最直接最深入的使用者,"学科馆员"熟悉资源购置、使用、宣传推广、效益评价等多个环节。一般而言,根据工作性质,图书馆对"学科馆员"的职责要求也比较全面。主要包括以下几个方面:一是要对学科资源使用情况进行定性分析与定量数据评价,参与学科资源选择和学科资源馆藏建设;二是主动进行学科资源宣传,认真研究各类数字资源使用方法,掌握数据库平台新功能,编撰资源使用指南,并向对口院系宣传发放;三是采取多种方式对学科用户进行定期或不定期的资源利用培训和辅导讲座,介绍各类资源的使用方法和利用技巧,科研论文的写作和投稿指南等内容,可采取图书馆集中讲座、学科馆员进驻院系分散培训、个别用户当面辅导、教学课件推送等主动服务方式提高科研人员的信息素养和自我服务能力;四是建立图书馆与院系用户之间的双向信息沟通渠道,保障学科信息联络畅通无阻,如可根据科研团队和教师、研究生用户,建立重点用户档案,关注用户教学、科研需要,提供学科化、个性化服务,并且收集用户对学科服务的意见与建议,及时做出反馈;五是了解院系的学科发展动向和趋势,收集、鉴别、整理、整合对口院系的学科资源(包括馆藏资源及网络免费学术资源),构建学科信息导航平台,并向对口院系推荐使用;六是根据学科发展情况,进行各种类型专题信息的挖掘与推送,开展课题咨询、定题跟踪等服务,面向重点课题组和学科带头人,走进课题组、服务课题组。

例如,北京理工大学图书馆就对学科馆员工作职责做出如下规定。①

(1)深入了解对口院系的教学科研情况和发展动态,熟悉该学科的文献资源分布。为对口学院(系、学科)教师、研究生、学生提供利用图书馆资源和服务的培训指导,开办相关图书馆讲座,解答深度课题咨询,逐步提高对口院系师生的信息素养。及时宣传图书馆新增加的资源及服务项目。

(2)深入院系,征求读者意见及信息需求,为对口学院(系、学科)教师、研究生、学生提供咨询服务,读者可通过电话、电子邮件、当面咨询等方式向学科馆员咨询,学科馆员及时解答读者问题。

(3)收集、整理有关学科的馆藏网络资源和公共网络资源,编写、更新相关学科的读者参考资料,包括学科服务网页、资源使用指南等。通过多种渠道宣传推广图书馆的资源与服务,以提高文献资源利用效率,使读者更加关心图书馆建设。

(4)收集师生对图书馆馆藏建设及服务的意见和建议,作为图书馆调整馆藏及强化服务的依托。试用、评价、搜集相关学科的文献资源。

(5)为对口院系的重大课题组/重点实验室提供文献层面的特别帮助,与对口院系学术带头人建立联系,为其提供科技文献需求等方面的服务,定期参与他们的科研活动,走进课题组、服务课题组。

(6)审核图书馆推出的对应院系的学者的学术成果,保证其正确性。

"学科馆员"的职责与资源使用和科学研究密不可分,面对的主要服务是关于科技决策、科研管理和科研过程、科研成果的需求支持。包括学科领域发展

---

① 北京理工大学图书馆.学科服务[EB/OL].[2021-10-30]. http://lib. bit. edu. cn/node/522. jspx.

态势、前沿技术和关键技术识别的需求;对信息采集、加工、存储、转化、共享以及分析利用的需求;科技成果统计、科研竞争力分析等情报服务的需求。在电子化、信息化、数据化的现代社会,"学科馆员3.0应重点构建学科领域全景数据情报服务、科研机构本底数据情报服务、科学数据管理与数据情报服务并拓展数据素养培训服务"①。

上述服务需求的满足对"学科馆员"自身的信息素养和服务能力提出了更高的要求。提高自身能力和培养服务团队专业智慧是顺利开展学科服务的前提要求。具体内容和要求详见第四章《用户认知学科服务团队专业智慧的培养》。

(二)"图情教授"职责

"学科馆员—图情教授"模式最早是在清华大学图书馆实行的,一经推出便得到了国内图书馆界的高度关注,各高校图书馆纷纷效仿,这一模式在全国被广泛推广。

"图情教授"也称为图情顾问、教师顾问,是院系推选或图书馆聘请的具有学科背景的教师,一方面在学科上拥有专业知识,掌握本学院教学科研工作的现状及发展方向的信息需求;另一方面要关心图书馆建设、了解图书馆基本业务,有为师生服务的热情,并能对图书馆的资源建设、学科服务等工作提出建设性意见。

"图情教授"一般采取院系推选或图书馆聘请的方式产生,北京理工大学图书馆学科馆员制度对"图情教授"做出如下说明:各学院(系、学科)推选一名热心图书馆事业、全面了解本学院(系、学科)研究工作的现状及发展方向的教师作为图情教授,负责向图书馆提供本学院(系、学科)的研究动态及其信息需求,并配合学科馆员做有关工作。"图情教授"在与"学科馆员"的联系中,知道从哪里能得到需要的资源,而图书馆也能得到用户的信息需求,使得学科服务有

---

① 赵晏强,周伯柱.学科馆员3.0及其服务体系构建[J].图书馆学研究,2021(14):83.

的放矢,畅通了信息资源的供需通道,有助于图书馆学科服务工作的开展。

2021 年 3 月 9 日,清华大学图书馆主页报道:"图书馆共聘任了 46 位教师顾问,其中 32 位是上一届留任,更换了 7 位,根据学科发展需要又新增了 3 位教师顾问,以及 4 位特藏资源特邀教师顾问。"涉及人文艺术专业、理工科专业等42 个院系,协助和指导"学科馆员"的信息服务工作的开展。

"学科馆员"与"图情教授"两者之间一般是协作关系。以前者为主,后者为辅,两者互相合作协调,定期或不定期进行联系与交流,共同在图书馆与院系之间架起一座桥梁,共同为对口院系师生的教学科研工作和学习提供优质服务。清华大学图书馆对教师顾问的工作职责从资源建设、建议与反馈、学科专业指导等方面做出要求。

吉林师范大学图书馆也对"图情教授"的职责做出明确规定。[①]

(1)及时掌握院系科研与教学的最新动向,熟悉该学科的文献资源分布。

(2)建立与图书馆的固定联系关系,为开展学科服务提供指导意见。

(3)提供需要图书馆信息服务的重大课题情况和重点研究方向。

(4)定期参加图书馆学科化服务的工作会议,为图书馆的发展献计献策。

(5)及时反馈教师对图书馆的意见与建议。

(6)推荐优秀文献资源,对重要试用资源提出评价意见,或推荐其他专家进行评价。

(7)收集院系推荐书目,为图书馆馆藏建设提供参考。

(8)负责试用、评价对口院系学科的参考工具和电子资源,收集反馈意见,为数据库引进提供参考。

(9)经常向读者宣传推广图书馆的信息资源,为他们提供利用图书馆的指导。

在课题研究合作方面,"图情教授"与"学科馆员"的联系是双向互通的,

---

① 吉林师范大学图书馆. 图情教授[EB/OL]. [2021-10-30]. http://lib. jlnu. edu. cn/
list. php? fid=17.

"图情教授"发挥专业优势在学科专业问题上进行指导,推荐专业资源的评估和引进;"学科馆员"则是利用情报服务的特长对信息资源进行精准高效的利用。

在教学任务实施合作方面,因为学生基数较大,"图情教授"时间和精力有限,可以根据教学任务的安排和学科服务的层次,吸收各个学科的在读学生(一般是指硕士研究生和博士研究生)作为学生顾问,使其成为学科服务工作与学生信息需求沟通的桥梁,成为"学科馆员—图情教授"模式中的人员补充。从而构架图书馆"学科馆员"、教师、学生之间的交流渠道,同时满足师生对于教学科研的全面学科服务需求。

在读研究生也是科研工作人员组成的一部分,他们可以辅助"学科馆员"和"图情教授"完成基础学科服务要求,在学科专业资源的筛选和整理上给予"学科馆员"一定的帮助;"学科馆员"在信息的收集、检索利用和获取上给予一定的技术培训和经验指导,从而提升科研团队的总体信息素养水平。

二、"学科分馆—学科馆员"模式

"学科分馆—学科馆员"模式在美国高校图书馆比较常见,这种模式来源于图书馆总/分馆的管理模式,即大学图书馆由一个总馆和许多分馆以及(或)院、系资料室(或分馆)组成。高等学校图书馆被称为"大学的心脏",多设分馆能提供教学和科研不可缺少的动力保障。每个分馆都有其服务特色,经过不断发展,已是非常完善。

(一)图书馆总/分馆模式溯源

图书馆的总/分馆制由来已久,由欧美国家的公共图书馆兴起。美国不少公共图书馆建馆之初,为了资源共享、服务效益和地域影响,设立分馆的现象很是普遍,而且欧洲一些国家、澳大利亚、日本的公共图书馆设立分馆的也不在少数。

图书馆的总/分馆制度被高校图书馆借鉴、推广成"一校多馆"模式。美国高校图书馆规模大的当属哈佛大学,设有侧重不同领域的近百个分馆,哥伦比亚大学图书馆设有各具特色的 20 多个分馆，英国剑桥大学设有包括各院系专业图书馆在内的 90 多个分馆。

各分馆由专业图书馆馆员管理，每个学科都配备有学科馆员。有的学科馆员向学生讲授信息检索知识，参与专业教师的课程设计，渐渐地成为对口学科院系教师队伍中不可缺少的成员。学科馆员作为图书馆和院系联络员的角色正大大加强，由原来的专业馆藏资源建设的信息工作者，渐渐扩展为知识传播者和教育工作者。"从国外学科服务工作的成功经验来看，其成功之处在于对以下 3 个方面的重视：①招聘程序严格；②与读者的沟通频繁、有效；③培养和评价激励制度完善。通过以上步骤的严格执行，图书馆可以对学科馆员的素质、工作进程及达到的目标有较为全面的把握和了解；而学科馆员除了进行有效的工作外，自身水平也通过培训和锻炼得以提高。严格的评价制度又使学科馆员的主动服务意识不断提高，有效地促进了学科服务制度的发展。"①

(二)"学科分馆—学科馆员"学科服务模式特点

下面通过介绍美国伯克利大学图书馆总/分馆设置及学科服务的开展，分析"学科分馆—学科馆员"学科服务模式特点，以此作为借鉴经验。

1. 伯克利大学图书馆总/分馆的设置

加利福尼亚大学伯克利分校(University of California，简称 Berkeley)，简称伯克利，是美国乃至世界最负盛名的公立大学之一，历史悠久，学术研究氛围浓厚。

伯克利大学图书馆分为主馆、学科分馆和附属馆。主要由纪念图书馆(Doe Library)、莫菲特图书馆(Moffitt Library)、加德纳密集书库［Main (Gardner) Stacks］、班克罗夫特图书馆(Bancroft Library)和 24 个学科图书馆及十余个附属图书馆组成。

从功能上看，Doe 图书馆为艺术与人文、社会科学、国际与地区以及 50 多个

---

① 　郝慧.国内外高校图书馆学科馆员服务现状之比较[J].现代情报,2011,31(4):156.

学科提供教学、科研咨询与指导服务,是图书馆系统的行政中心;教学图书馆位于 Moffitt 图书馆内,其目标是通过教会学生和教师利用海量信息资源以增进其信息素质来协助他们取得成功;馆藏主要位于 Gardner 密集书库;Bancroft 图书馆是使用量很高的图书馆,主要包括手稿、珍本和美国国内特藏。

从馆藏特色看,Bancroft 图书馆突出马克·吐温论文、古纸莎草纸等特色收藏。Doe 图书馆有校园内大部分的人文和社会科学馆藏。Moffitt 图书馆的馆藏主要用于满足新生和本科生的需求。

伯克利分校是一所全面综合的研究性大学,各个学科几乎都是优势学科。根据资源特色建设了诸多的学科图书馆。例如:人类学图书馆(Anthropology Library),馆藏集中于人类学、传统文化、考古学、民俗学等学术著作和电子书;化学和化学工程图书馆(Chemistry and Chemical Engineering Library),馆藏支持化学学院的教学、学习和研究需要,藏书包括化学和化学工程期刊等;法律图书馆(Law Library),藏有丰富的法律历史文献和普通法材料,涵盖美国法律的各个方面,包括美国法院判决、法令、法律论文、专著和法律期刊,还收集了来自世界各地许多国家的大量法律以及国际组织的文件。

伯克利大学图书馆还有十余个附属图书馆,它们具有特定的研究馆藏,通常都是伯克利大学研究所、学术院系所需的唯一且难以查找的资料,主要用于教职员工的教学和研究需要,其中很多也对公众开放使用。

例如,东亚图书馆(East Asian Library)包含一百万卷的东亚语言馆藏,数量位居美国高校系统前列,使伯克利图书馆成为美国东亚研究的一个重镇。

南亚/东南亚图书馆(South/Southeast Asia Library),覆盖 19 个南亚/东南亚国家的核心著作和当前使用率较高的期刊,以及三千多件非流通的参考书、地图集、期刊、档案和特殊藏品等。

2. 伯克利大学总/分馆管理模式的特色

(1)伯克利大学图书馆所发文件和通知都会及时送达各分馆,分馆负责人也会把分馆工作的问题和成效及时向总馆汇报。在行政管理上实现上行下达。

(2)各分馆在业务上听总馆指导,但却各有侧重,相对独立。各分馆由专业图书馆馆员管理,并由对应的院长、部门或研究单元主管负责。在业务上实现有的放矢。

(3)伯克利大学图书馆为每个学科都配备有学科馆员,他们都有风格统一的个人信息服务主页,里面有包括个性化资源推荐、文献管理、信息跟踪、预约咨询等服务栏目。学科馆员会参与听课,以更好地提供咨询服务。在图书馆全面的学科服务项目中,还兼顾各馆的馆藏和服务特色。

(4)伯克利大学图书馆搭建有学科服务综合平台,提供各具特色的数据支持和移动图书馆服务,并且整合馆内资源,利用校内环境发动联动项目,扩展资源服务范围和服务群体,增强服务动力。

三、我国高校图书馆学科服务模式分析

随着复合型人才的需求,20 世纪 80 年代末,中国高教体制改革提上日程。从 1992 年起,按照"共建、调整、合作、合并"的方针,中国高等院校合并布局和结构调整拉开序幕,2000 年以来,我国高等教育管理体制改革不断向纵深推进,通过合并组建了一批文、理、工、农、医等各大学科门类比较齐全、规模较大的综合性大学。

高校合并实质上是对教育资源的重组,高校规模扩大,复合型学科纷纷设立,高校图书馆纷纷出现一校多馆的情况。这种多校区分馆的情况多数是由于校区地址的不同而进行的区域划分,与按专业学科性质建设的学科分馆有很大的区别。在一定时期内面临的是总馆、各校区分馆和资料室之间的资源协调、整合和变革,若仿效设置学科分馆进行服务,在资源建设、服务内容和服务方式上突出学科特色服务,则是一个需要结合高校学科发展规划、学科建设布局,并联动图书馆服务理念的相对复杂的系统工程。

目前我国高校的图书馆不管是分散办馆模式、统一办馆模式还是统分结合办馆模式,不管是直线式组织结构、网格式组织结构还是矩阵式组织结构,对高校图书馆的建设者、管理者来说,都需要时间和实践去磨合和完善。

借鉴国外成熟的总/分馆管理模式,可为我国转变思想观念,理清办馆思

路。在学科服务的开展方面,也可以做到深层挖掘,有的放矢。

一是将分馆突显学科特色,设置学科馆员岗位,提供相应学科的深层次信息资源的组织和开发,以多层次服务方式为相关学科读者的教学、科研提供个性化的知识服务。

二是鼓励学科馆员拓宽知识面,提高学科素质,加强高层次专业学科馆员的培养,注重学科馆员队伍的建设,形成多层知识服务团队。针对各特色分馆的服务对象和学科特点,以特定任务为导向,细分成不同阶段的工作目标,有效组合总/分馆的工作人员,形成多层知识服务团队,并联合开展馆内服务计划。

三是充分利用网络平台,建设学科服务综合平台,跨越总馆、分馆的时空限制,畅通学科服务的交流渠道。学科分馆可通过电话、E-mail、QQ、博客等渠道直接咨询或在线回馈的方式与用户沟通,也可通过 MOOC 课程教学、学科网络资源导航等方式提供咨询服务。不管是直接或间接的交流,顺畅架起学科馆员与用户之间的桥梁是不变的宗旨。

综上,"学科馆员—图情教授"协作模式就是将高校图书馆拥有的馆藏资源、电子资源与人有机结合起来,将符合特定要求的信息资源推介给需要的用户;"学科分馆—学科馆员"模式就是按照高校学科建设及专业发展规划,将图书馆资源按照学科划归到对应学科分馆,以学科为单元,整理分馆内外的学科资源,形成目录式资源体系。同时各分馆"应挑选具备图书情报专业背景,并且具有学科专业背景的馆员作为对口学科或院系的学科馆员"[1],主要负责相关学科服务工作及外界联络、交流和沟通。

高校根据机构设置和学科建设情况,在"学科馆员—图情教授"和"学科分馆—学科馆员"这两种模式中选择适合自身发展的学科服务方式,综合用户的信息需求,进行相应的成果推送。因为上述两种模式都能进行较好的学科内容选择,做到有的放矢和服务规范。

---

① 陆莉."211 工程"高校图书馆学科服务现状调查与分析[J].图书馆学研究,2013(4):62.

第五节　知识图谱在学科服务中的应用

知识图谱(Knowledge Graph/Vault)，又称为科学知识图谱，在图书情报界称为知识域可视化或知识领域映射地图，是显示知识发展进程与结构关系的一系列各种不同的图形。知识图谱可视化的真正意义在于让人直观地了解知识推理的过程与结构。

知识图谱最早是用来优化搜索引擎，能利用知识之间的关联，查询并推介与用户意图相关的信息，从而提高搜索速度和改进搜索质量。这种利用可视化技术显示知识之间相互联系的方式很快应用到各个研究领域。通过将现代信息技术与文献计量学等方法结合，以图谱直观地展示学科的历史、发展、热点以及整体知识架构。知识图谱可视化的真正意义在于让人直观地了解推理的过程与结论。

一、学科知识图谱构建的数据来源

就学科知识图谱构建的数据来源，最具有数据可靠性的是网络数据库。具有代表性的是国内影响和应用非常广泛的中国知网(CNKI)资源总库、万方数据资源系统、维普中文期刊服务平台、中文社会科学引文索引(CSSCI)、中国科学引文数据库(CSCD)等中文数据库，以及在数据分析功能上占有绝对优势的Web of Knowledge 平台和 EI(工程索引)、Elsevier 电子期刊、Springer 电子期刊、Wiley 等大型外文数据库。

当然还有一种网络学术资源平台的数据，如学术博客、学术论坛等，但是这种资源在形式上多为非结构化数据，在内容上又缺少审核和规范，所以在信息的采集上难以全面，在质量上难以保证。

二、学科知识图谱构建的方法

知识图谱构建的方法以共现分析最具有代表性。"共现"是指文献相同或不同特征项共同出现的现象,包括文献的外部和内部特征;"共现分析"是将共现信息定量化的分析方法,通过两个或多个关键词在网络上同一区域共现的次数衡量词间亲疏关系,以揭示信息的内容关联和特征项所隐含的知识。通过"共现分析"体现某一学科或学科之间的文献关联,建立该学科的知识图谱,能为用户提供学科特色评价以及学科内涵与外延知识服务。而且可以根据图书馆馆藏特色资源,结合学科知识图谱,为学科的研究内容和领域建设提供途径。

杨思洛、韩瑞珍将知识图谱的绘制流程分为以下步骤:数据检索、数据预处理、构建知识单元、数据分析、可视化与解读。[①] 其中各环节还要运用到多种数据库和分析软件,WOS(Web of Science)和 Scopus 等数据库的数据可直接使用,SPSS、CiteSpace 是通用绘制工具,科睿唯安(Clarivate Analytics)公司的 InCites、TDA 等数据分析工具以及 Network workbench Tool、VOSViewe 等专门文献可视化软件,为知识图谱的丰富展现提供了强大的技术支持。

知识图谱绘制软件工具功能日益完善,"一方面软件工具能输入的数据格式越来越多,且能够直接从数据库中导入数据;另一方面可视化效果更好、图谱更加真实与准确,能根据需要从多角度对知识形象展示且能够容纳其他可视化插件、输出标准结果数据"[②]。知识图谱的多维度多领域的分析,适用于学科服务的多维信息分析任务的实施。

一般来说,大型网络文献数据库为样本获取提供了可靠的数据来源,既可大批量下载,数据格式又比较规范,是绘制知识图谱的前提和基础。其中使用最广泛数据库是 WOS,收录质量高且分析功能强大。

三、基于学科认知的知识图谱的构建

(一)构建学科主题知识图谱

学科主题是具有学科专业概念化和特性化的规范表述,是对研究内容和方

---

① 杨思洛,韩瑞珍.国外知识图谱绘制的方法与工具分析[J].图书情报知识,2012(6):101-109.

② 同上书,第108页。

向的概括和精炼。根据学科进行的主题分析是指辨识某作品的知识内涵，并使用与之匹配的主题词和副主题词进行归纳描述其特征，大体包括数据集合形成、主题聚类和主题聚类的可视化表示三个阶段。

分析数据集合的构建是进行学科主题识别过程中最为基础并十分重要的环节，是开展学科领域分析面临的首要问题。根据布拉德福定律（Law of Bradford）的文献分散理论，一个学科的核心对象绝大多数集中于少量的相关学科期刊中，而少部分则分散在大量的其他学科期刊之中。为人熟知的二八定律可以作为布拉德福定律的简单例证，用于期刊文献检索上的描述就是：20%的期刊（核心期刊）登载了80%的重要文献（各领域中最活跃的核心作者发文），这是构建文献来源分析数据集的理论基础。

根据齐普夫定律（Zipf's Law）的词频分布定律 $Fr = C$（C 为常数），其中 F 表示文章中某个单词出现的频次，r 表示该单词的等级序号，等级序号按照高频词在前、低频词在后的递减顺序排列并赋值。通过词频分析可以总结写作者使用词语的习惯和著述特征，也是主题词汇聚类分析与控制的方法和工具。词频的概念被广泛应用于情报分析领域，词是体现文献内容的最小单元，研究者尝试通过分析主题词、篇名词或关键词的高词频，描述某学科领域的研究状况。李文兰、杨祖国认为："关键词是表达文献主题概念的自然语言词汇。一个学术研究领域较长时域内的大量学术研究成果的关键词的集合，可以揭示研究成果的总体内容特征、研究内容之间的内在联系、学术研究的发展脉络与发展方向等。"[①]

文献计量学目前最常用的是通过科技论文（包括期刊论文、学位论文、会议论文等）构建数据集，面对相关领域的专业期刊选择数据，采用主题分析方法研究学科的热点主题。例如，王译晗、叶钰铭分别采用 CSSCI 数据库和 Web of Science 核心合集数据库作为国内和国外研究的数据来源（CSSCI 和 Web of

① 李文兰，杨祖国. 中国情报学期刊论文关键词词频分析［J］. 情报科学，2005，23（1）：68.

Science 核心合集收录的都是经过专家评审并精选出来的高质量论文,数据分析具有代表性),分析从 2011—2020 年近 10 年间国内外开放科学的研究现状,利用 CiteSpace 可视化软件对检索结果进行关键词共现分析和时区图分析,研究国内外开放科学领域的重要研究主题、研究热点和知识演进、发展趋势。① 又如李媛、刘舒悦等以中国知网 2008 年 1 月 1 日至 2018 年 12 月 31 日收录的中国中医科学院硕博士学位论文为数据来源,采用 CiteSpace 高频词可视化分析、共词聚类等方法,以知识图谱方式识别出中医证候方法学研究、数据挖掘技术应用研究、中医药临床研究是其间的研究热点,并描述出以中医证候为代表的基础研究数量始终低于临床研究、以病证结合与中西医结合为主的现代诊疗模式和研究方法也逐渐深入中医药领域等研究特点。②

通过使用信息可视化工具对具有代表性的翔实数据进行的学科主题知识图谱的构建,可为科学深入地探索学科发展方向、热点前沿的分析提供直观和科学的信息参考。

(二)构建科研机构知识图谱

"科学研究是一项复杂、艰巨的群体劳动,科研活动中的科研合作是科研人员为完成同一科研任务而彼此按照计划协同合作的劳动形态。"③随着现代科学研究的深入,科研活动日益呈现规模化、交叉化、跨学科等特征,科研合作越来越成为促进科技进步和创新的必要行动。

在科研活动中,很多情况下除了科研人员为完成同一科研任务而彼此按照计划协同合作外,还需要科研机构之间互相合作,从多种层面和形式组织起来进行科学知识集体创新,并随之产生了大量的合作文献。机构合作可合理配置

---

① 王译晗,叶钰铭. 近 10 年国内外开放科学研究述评[J]. 农业图书情报学报,2021,33(10):20-35.

② 李媛,刘舒悦,王卓,等. 2008—2018 年中国中医科学院硕博士学位论文研究热点可视化分析[J]. 国际中医中药杂志,2021,43(10):1029-1034.

③ 杨善林,吕鹏辉,李晶晶. 大科学时代下的科研合作网络[J]. 西安交通大学学报(社会科学版),2016,36(5):94.

优质资源,提高科研效益,也可从合著者机构的相关学科背景和参考文献学科多样性两个不同的层面来测度知识融合过程中的学科交叉程度,探索不同学科的机构合作是否有助于交叉科学成果的产出。[1]

机构合作受国别地域、行业范围、机构组织性质等因素影响。一是合作机构呈现出明显的地域效应,同一国家的机构之间合作更多,跨国机构合作较少;省内机构合作密切,省外机构合作较稀疏。二是处于同一学科范围的机构处于合作集群的中心位置,外围机构分布分散,同行机构之间合作比非同行机构之间的合作更频繁。三是从机构性质来看,研究院所、高校等学术研究机构间合作广泛且密切,而企业之间、企业与高校之间技术合作则较少。

构建科研机构图谱,可反映机构的人员贡献、学科方向、机构性质、核心机构,以及机构合作关联网络,为有针对性的学科服务提供参考。

(三)构建科研学者知识图谱

学科服务不仅针对学科研究,还要考虑学科研究者的因素。以知识内容为研究对象的关键词特征共现分析,在对地理空间进行的集聚研究中可以显现科研学者对学科研究所做的贡献。

作者是知识的创造者,对作品拥有知识产权,但是作者的识别与去重问题(尤其是中国作者的外文发文)是个难题,也是需要解决的问题。因为涉及作者、机构与国家等知识单元计量与可视化的准确度。

因为中国作者外文著录格式使用拼音形式,存在同样拼写不同作者的现象,又由于有全拼和简拼情况,数据会有遗漏问题发生。同时注意挖掘和分析合著作者的信息,如合作者的研究机构、学科背景、地域国别分布等,可以从另一视角揭示交叉科学的活动模式与规律。

所以从数据库检索出原始数据需要经过一系列的预先处理才能分析。其中一项是通过作者单位进行筛选。在 Web of Science 数据库,对一些发文较多

① 张琳,孙蓓蓓,黄颖.跨学科合作模式下的交叉科学测度研究:以 ESI 社会科学领域高被引学者为例[J].情报学报,2018,37(3):231-242.

的单位统一化归并处理,在一定程度上保证了数据的完整性。

在具有权威的数据来源基础上,以某一主题聚类文献,可以分析发文时间、研究前沿、热门期刊、热点论文、作者和机构合作网络等内容,其中根据高产作者以及合作紧密的研究团队呈现出来的学科主题、研究学者和机构分布知识图谱,梳理了学科、作者、机构之间的合作网络,对学科的合作研究具有重要的推动作用。

第六节　基于学科服务的用户画像模型构建

一、用户画像的构成

美国软件工程师、交互设计之父艾伦·库珀(Alan Cooper)提出一个重要的交互设计方法,即"角色"(艾伦·库珀称之为"Persona"),可以理解为目标用户,即"Personas are a Concrete Representation of Target Users"。

在大数据环境下,结合数据挖掘、大数据分析技术,用户角色"User Profile"的概念得到发展。用户角色又可称为用户画像,是基于用户的直接数据和间接数据建立的目标用户模型。概括地说就是,通过分析用户社会属性、生活习惯、消费行为等数据信息并抽取描绘出该用户需求特征标签化的过程。

具体来说,用户画像(Persona/User Profile),是对用户的自然属性(例如性别、年龄层次、消费水平、职业等)、行为轨迹(如活动的时间范围和场所区域、网络使用行为、应用的交通工具等)、潜在兴趣(如购物方式、教育投入、游戏选择、金融理财等)等数据信息提取而得到的用户虚拟画像,揭示了用户的属性及其行为特征。也是一种通过勾画目标用户,分析用户需求,达到联系用户并确定设计方案的有效工具。在社交平台用户个性化服务、商业智能营销以及舆情监控预警等方面已有广泛应用。

在实际操作的过程中,构建用户画像的核心工作就是给用户贴"标签",往往会以最为浅显和贴近生活的词语将用户的属性、行为与期待的数据转化联结起来。服务机构通过服务主题维度构建的用户画像与服务产品密切相关,形成的用户角色具有主要受众和目标群体的代表性特征。根据目标的行为观点的提炼,再进行聚类整合,区分为不同类型,从而勾勒出目标用户的群体特性,形成特定群体的用户画像。

在对用户直接数据和间接数据进行收集时,需要注意用户画像的PERSONAL 八要素:基本性(P)、同理性(E)、真实性(R)、独特性(S)、目标性(O)、数量性(N)、应用性(A)、长久性(L)。本书从学科服务角度对其做出如下理解。

基本性(Primary):指该用户角色是否具有对目标的基本要求和需要。

同理性(Empathy):指用户角色中基本属性,如职业、年龄、性别、教育经历等相关的描述,是否具有同理特性。

真实性(Realistic):指用户角色的需求和基本属性是否具有真实准确性,是否有干扰信息的存在。

独特性(Singular):指用户角色是否具有自己独有的属性特点或特别的个性需求。

目标性(Objectives):指用户角色对产品或服务相关的层次目标是否满足,是否有更高层次的目标需求或品质要求。

数量性(Number):指用户角色的样本信息数量是否充足,数据来源是否足够提取用户特征进行用户画像。

应用性(Applicable):指服务机构通过用户的需求、个性化偏好和兴趣描述而形成的概念化集合是否能使用户角色画像成为实现有效目标的工具。

长久性(Long):指用户角色提炼的特征标签是否具有长久性,是否有随着用户属性和需求等的变化而发生相应的变动。

围绕基本性、同理性、独特性、目标性等要素,将用户的每个具体信息抽象成属性标签、行为标签、场景标签、定制标签、兴趣标签等多种标签的集合;同时考虑真实性、数量性、应用性、长久性等要素,利用这些标签将用户形象具体化,从而构建用户画像,并制定服务标准,为特定目标群体提供具有针对性的专注服务。

在用户画像的过程中,要注意三个维度:基本属性画像、信息行为画像、兴趣爱好画像。通过获取的用户的基本属性、兴趣爱好和信息行为,进行群体画像。(见图3-9)

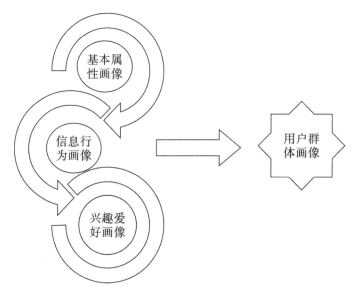

图3-9　用户画像的维度

基本属性画像:用户的基本信息,一般是处于静态不变的数据,如人种、国别、籍贯、性别、婚否、教育经历、职业等。

信息行为画像:用户的行为轨迹,一般是处于动态变化的数据,包括使用场景、获取内容、访问路径等。例如,用户的网络信息浏览习惯、访问时长、使用频次、收入获得与消费支出方式、出行区域范围和交通工具使用等。

兴趣爱好画像:用户的"兴趣偏好"标签,一般是在行为过程中体现出来的偏重内容。例如,网络购物方式频次是否高于线下购物,信息搜索内容对社会话题的关注是否高于美食主题,运动项目的偏好,室内游戏或室外旅游的选择,等等。

基本属性画像、信息行为画像、兴趣爱好画像整理好之后,分析标签中的真实信息及合理信息,聚合这些信息,将具有共同特性的用户贴上标签,勾勒出群体画像。

二、用户画像在学科服务中的应用

用户画像的概念和建模技术已应用于诸多领域,应用比较广泛的如电子商务领域,电商集团通过用户对信息的浏览以及购物信息的大数据采集和用户画像建模,针对用户购买需求和偏好推送符合用户个性化的商品内容。对于电商而言,可在一定程度上提升用户的购买力;对于用户而言,丰富了用户在电商平台的购物体验。又如,在新闻传播领域,网络媒体通过用户浏览的新闻类别、浏览时间、评论观点等信息对用户数据标签化处理,针对不同特征的用户进行信息推荐,方便用户及时获取感兴趣的新闻热点,避免信息过载、信息噪声等问题对用户的影响。

用户画像的应用可以使服务双方达成共赢局面,在各个领域的应用侧重点虽然有所不同,但其核心目的在于为用户提供更加精准、个性化的服务内容。

近年来,面对海量产生的网络信息资源以及大数据环境,用户对特有信息专业化精准服务的需求日益增长。图书馆的学科服务面对挑战,积极采取措施,引入用户画像技术,分析和识别用户的需求,推进学科服务精细化和个性化模式的构建,并已取得了一定的效果。

(一)学科服务用户画像构建维度

学科服务用户画像考虑数据来源主要分为四大类:学科用户属性数据、学科用户利用图书馆行为数据、学科用户社交数据和学科用户教学科研数据。

具体来说,学科用户属性数据涵盖学科用户的姓名、性别、年龄、单位、职称、学科专业、简历、教育程度等基本信息,可以从学科用户在图书馆的服务注册的基本信息中进行抽取,也可从院系机构网站的信息中进行采集。

学科用户利用图书馆行为数据是指学科用户利用图书馆资源和服务时留下的信息轨迹,可通过图书馆的门禁系统、图书集成管理系统、门户网站、学科服务平台等途径进行采集。主要包括以下几种：一是入馆数据，如入馆时间、入馆次数、在馆时长等；二是纸质资源借阅数据，如图书外借、图书归还、图书预约、图书续借、期刊复印等文献借阅行为数据；三是电子资源使用数据，如数据库选择、访问时间、登录次数、在线时长、检索主题和关键词、资源下载篇幅与数量等网络行为数据；四是图书馆服务利用数据，如图书馆网站栏目浏览数据、文献荐购平台使用数据、文献传递申请和完成数据、参考咨询申请与反馈等反映服务需求行为的数据。

学科用户社交数据包括用户与图书馆员的信息交互路径与信息反馈情况，以及对图书馆资源的分享与同行交流的网络渠道。图书馆可通过智慧门户网站采集用户利用图书馆微信、微博、贴吧、论坛等的数据，也可使用问卷调研等途径采集学科用户的网络交互数据，如常用的社交平台、评论反馈、共享渠道、收藏内容、交互频次和咨询时长等。

学科用户教学科研数据是学科用户承担教学任务和反映科研能力及科研状态的学术研究成果的数据集合，可通过网络检索、院系咨询和用户提供等多种方式完善此类数据，这是学科用户画像最具有学科研究特色的数据，因此要尽量翔实。教学数据如学科用户的教学课程类型（公共课或专业课、必修课或选修课、本科生课程或研究生课程）、课时、授课方式；科研数据如用户主持或参与的科研项目、发表的学术论文、申请的专利、出版的专著、获得的学术奖励等，还有内部经验交流分享、外出考察学习、参与会议、科研空间使用等。这类数据反映了学科用户的研究主题内容和研究脉络，随着教学科研工作和客观信息环境的变动而变化。

上述学科用户数据的获取，从四个维度为学科用户建立特征标签集。需要指出的是，在构建数据标签体系时要充分考虑标签粒度问题，粒度过大会导致标签缺乏区分度，失去特征价值；粒度越小，用户特征刻画越精细，但过细的粒度会导致标签没有共性而失去使用价值。所以在保证标签精确性的同时，还要保证标签的共性。

用户画像通过对用户属性、用户行为、学术科研及交流等数据进行用户兴趣提取,建立个别学科用户画像,在对具有共同用户属性、信息行为规律、文献研究和学科服务应用偏好的用户进行特征标签分析,根据统计数据比重筛选出共性的用户行为和偏好,构建一个整体的用户画像。从而面对具有一致的科研需要、信息诉求以及资源利用同源性的用户群体,开展定制化专业文献资源推广、学习交流和信息资源利用讲座等活动,以及科研活动精准化学科知识服务。

(二)用户画像推动学科服务的表现

1. 知识发现提升服务

图书馆是人类知识的传承和传播中心,是人类知识的宝库。信息化时代的图书馆突破了空间对资源载体的限制,丰富多彩的数字化资源类型,如文本、视频、音频、图片、动画、软件平台、数据库、网页等,同时集中在图书馆呈现。对馆藏知识的发现传播与增值服务一直是信息时代到大数据时代图书馆的主要服务内容,但是大规模数据的汇集,具有关联的信息或数据在不同资源类型中的分散给信息的准确获取造成了困难。

随着人工智能化技术的成熟、知识发现系统和用户画像技术在图书馆的使用,图书馆可为用户提供基于数据需求的精准知识发现、数据挖掘等智能化服务,提高了读者的服务体验与服务满意度。

知识发现的目的是向使用者屏蔽原始数据的烦琐细节,从原始数据中提炼出有意义的、简洁的知识,直接向使用者报告。例如,匹配用户画像对信息需求的专业概念标签,基于知识发现系统,从大数据中通过资源内容中引证关系的挖掘,揭示概念之间的显性或隐性的关联关系,构建不同资源类型、密切关联概念的资源聚合体,从而达到复杂数据集合的隐性知识发现,对用户实行需求匹配的个性化知识推荐,提升了知识发现服务的水平和精度。

2. 资源推荐、资源定制等智慧推介服务

图书馆资源推荐是图书馆资源宣传和提高资源利用的一项重要工作,目前主要通过现场推荐、推荐系统以及网络社交平台渠道进行资源推荐,虽然保证了及时性,但在推荐内容上多是以固有资源的全面性推送为主,缺乏从用户视角对其学科结构、知识认知、行为偏好等个人因素的考虑,导致对用户的信息行为特征分析不深,对用户的阅读、研究特点及相关需求不够了解,达不到信息资源的精准送达,从而无法实现信息资源推送的效益最大化。

随着大数据技术的发展完善,用户阅读行为、兴趣爱好、关注焦点、研究方向、资源需求等用户信息行为轨迹及特征数据比较容易获取,为用户画像技术在图书馆的应用提供了可能。将用户画像及智能推荐技术融合,推动了智慧图书馆资源精准推荐服务的发展。

用户画像在图书馆资源推荐中的应用价值主要有以下两种:①利用网络计算机技术(如网络爬虫、文本挖掘、网站日志获取等)抓取用户数据,分析用户属性信息、信息查找行为(包括资源检索、浏览、访问、关注、收藏、分享、评价)、用户之间互动信息、网络访问时间、资源下载量等信息,提取用户画像标签,挖掘资源潜在用户,对资源进行个性化推送。②定制服务推荐。用户画像的构建是一个长期逐步完善的过程,在与用户信息交互过程中,不断对用户行为信息数据进行更新,完善标签体系,勾勒群体用户画像。再根据用户专业背景与需求的精准匹配定制群体资源需求集合列表,借助信息智能推荐系统进行初步推荐。同时向群体用户征求意见和反馈信息,完善定制内容,并对得到认可的用户进行定期或不定期的定制内容推送。

3. 学科服务内容和形式的精准化推送

构建用户画像的一个重要维度是用户的科研数据,学科服务的服务目标之一也是为科学研究提供资源助力和服务助力。

根据用户的教学科研数据、在线咨询交互数据、科研交流分享数据等的标签化,学科馆员对用户的科研资源需求和服务产品的需求会有一个大致的了解,从而针对教学科研特征,围绕教学科研活动的全过程进行学科服务内容、服务方式以及服务产品展示形式的精准化推送。

例如,在科研立项前,根据用户提供的研究主题,进行课题查新推送服务,利用学科馆员的专业技能全面搜集相关研究的现有成果,对选题进行新颖性和可行性分析,对用户定题提供文献资源上的参考和确认。在科研过程之中,根据用户的信息需求,在现有资源不能满足需要的时候,向用户推送开放获取平台或文献传递服务,利用多种原文获取手段丰富用户科研文献资料集合。在科研成果完成阶段,面向用户学术价值评价需求,可向用户推送成果查新服务,通过查新过程,对科研行为进行效益评价。在科研成果完成之后,根据用户学术交流需求和论文发表需求,可向用户推送科研论文写作与投稿技巧的内容培训。

在学科服务推送过程中,可采取多种新媒体技术和可视化技术,以标签云图、知识图谱等表现形式,向用户展现立体多维的知识产品,以多样化和多种类的服务方式激发科研人员的知识潜力,起到助力科研的效果。

第四章
用户认知学科服务团队专业智慧的培养

第一节　学科馆员个人能力的提升

科学研究正在由单一、孤立环境中进行的活动向更具合作性的多学科和交叉学科方向发展。在动态的信息环境中,用户需求、用户信息行为也在不断发生变化。对学科馆员的知识储备、信息检索技能、信息分析评价能力提出了更高的要求。

此外,随着用户信息环境、用户需求的变化,学科馆员的工作职责也在不断扩展,从用户联络、用户需求调研、用户信息素质培训、参考咨询、资源推广等传统服务向知识服务发展。这就需求学科馆员拥有某一学科或专业理论和知识,在负责与该学科或专业进行对口服务时,才能主动专业地提出合理化的建设意见。所以学科馆员不仅要具备信息服务人员的各项能力,还要具有学科专业知识和背景。学习相关院系的专业知识、提升相应学科专业素养、完善自身知识结构是知识服务对信息工作人员个人能力提升的要求。

因为学科馆员的最基础工作仍是对信息资源准确全面地收集、整理、整合与评价。学科馆员在工作实践中需要不断提高自己的信息服务技能,对新的检索工具和数据分析工具做到熟悉性能和熟练掌握。

但是,随着嵌入式服务的开展,学科馆员又要对科研用户的信息需求和研究方法有所了解。因此,可以通过用户访谈等方式,明确用户科研信息需求、了解研究过程中遇到的主要问题特点、确定最有效的沟通方式以及科研活动各阶段的管理方法等内容。

学科馆员应具备的工作能力可分为技术能力与专业能力两部分。技术能力包括有效工作的技能、信息获取、信息管理和信息分析与利用等；专业能力包括学科领域的基本专业知识、专业科研周期特点、科学研究的常用方法与研究模型、各阶段信息需求特点等。（见图4-1）

图4-1 学科馆员应具备的工作能力

个人能力是图书馆员能有效工作的技能、态度和价值观。学科馆员作为科研人员和图书馆的桥梁，应是一个优秀的联络、协调者，需具备较强的适应性、主动性和创新精神。包括口头和书面交流能力、信息获取与分析利用能力、合作能力、时间管理和组织能力、教学和培训能力、对职业的远期规划、阶段性目标、终身学习能力等。

专业能力指根据学科馆员的具体工作，从知识、资源、工具三个方面完善专业服务模块。对学科馆员在学科化服务中影响工作效果的多元化知识、技能、品质和工作能力进行分析，可包括学科领域的基本专业知识、本专业科研周期特点，科学研究的常用方法与研究模型，各阶段信息需求特点；本学科主要数据库，刊物的学术协会/学会，学科领域的综合知识环境，等等。

学科馆员的个人能力可以从以下方面进行提升：基于用户的专业科研能力，基于资源分析的决策能力，基于效益的文献传播指导能力和基于沟通的交流协作能力。以上能力的培养有助于学科馆员综合素质的提高，有助于学科馆员工作的开展。这项工作一方面在于学科馆员自觉地学习业务，另一方面在于相关管理部门或行业协会组织的培训。例如，2010 年以来，上海交通大学牵头实施 CALIS 三期项目"馆员素养培训与资质认证"，并在全国开展了 5 期学科馆员培训。2014 年 5 月，又成功举办了第一期海外学科化服务馆员培训班。这些培训有利于学科馆员素质提升和学科馆员队伍建设。

第二节　团队专业服务协作能力的培养

在图书馆的未来战略计划中，与学科馆员相关的科研信息管理服务、科研数据服务、科研数据挖掘以及资源发现等词语出现的频率较高。在这样的战略规划中，需要一批批具有高层次信息素养的学科馆员团队进行坚持不懈的努力，去拼搏、去奋斗。

一、学科化服务团队构建

完善的组织架构是开展学科服务的必要条件，学科服务团队的组建形式决定了学科服务开展的质量和成效。"图书馆机构机制的健全、学科化服务团队之间的良好协作，是高校图书馆提供高质量的学科化服务的前提条件。"[①]学科服务团队的建设模式，根据实际的学科服务需求，学科馆员的学科背景、兴趣特长、已具备的服务能力、竞争张力、可持续发展等因素进行团队成员的特色能力布局与占位。

目前，学科化服务的工作重心逐步向学科专业资源建设、学科数据分析评

---

① 付佳佳,黄敏.高校图书馆学科化服务团队建设模式探析[J].图书馆杂志,2011,30(12):47.

价以及更深层次的服务转移。学科服务首先要从各高校的学科设置、学科建设和发展规划入手,确定学科服务的基础内容、重点方向、人员配备和服务渠道与方式。

单一的学科馆员满足不了高层次的学科服务需求,需要具有专业知识的学科服务团队提供全方位和个性化的知识服务。团队成员要考虑学术水平和梯队层次,在职称、学历、年龄、专业结构上配置合理,要有工作热情和一定的合作基础。各团队成员之间可以进行专业知识和能力上的互补,如学科馆员之间在组织领导、专业知识和沟通协调等方面的互相协作。

学科服务团队可根据人员和学科专业的情况,将学科化服务人员按学科划分为若干人员固定或不固定的学科团队。团队规模大小根据图书馆的人员储备和学校学科专业实际情况而定,一个高效的团队要充分发挥每位成员的效用,充分考虑自身利益和集体利益。团队和团队之间可小范围协调,团队内部人员之间按特长进行分工、确定职责,以各人之长开展服务。

二、团队专业服务协作模式选择

团队学科服务是一种协同服务,通过团队各成员和各团队之间的协作,为用户提供集检索培训、学科资源推送、信息评价、专业导航等知识服务于一体的综合性学科信息服务。目前,在国内学科馆员制度推行较为成熟的高校图书馆中,学科馆员团队服务协作模式大致有以下几种:稳定型团队模式、互助型团队模式、扩充型团队模式、拓展型团队模式和网络交互型团队模式。

(一)稳定型团队模式

根据学科馆员学科专业背景和学校专业设置,对一个或多个学科院系相对成熟且具有相关研究基础的学科专业组成固定的服务团队。学科团队由学科馆员、咨询馆员、辅助馆员组成,每个馆员都有自己的任职条件和岗位职责。

稳定型团队模式的特点是:学科馆员强调组织领导能力,熟悉用户教学科研情况、发展动态和学科文献资源分布,根据用户的需求和环境,深入专业问题,融入学科化、深层次的专题嵌入服务过程中;咨询馆员强调专业知识能力,面向用户开展资源培训、信息利用分析等服务;辅助馆员以沟通与宣传为主,架设用户与学科服务在需求表达、文献传输、数据维护和交流顺畅上的通道。

(二)互助型团队模式

互助型团队模式能对服务对象进行明确的分工和持续服务,但是需要充足的人员支撑,在学科馆员人手不够的情况下,就需要几个学科团队之间互相帮助,将具有相关学科特长和专业基础的学科馆员根据服务项目和需求协调互助。

互助型团队模式的特点是:分工较科学、合理,最大限度地发挥学科馆员的能力,共享人力资源,也使得团队之间能够在相关专业和服务对象中互相补充信息资源和文献资料,力求服务效果最大化。

(三)扩充型团队模式

扩充型团队模式以任务为中心,根据任务需要和服务需求,不区分学科团队,灵活组织相关学科馆员。"需要聘请图书馆内部对图书馆学、情报学有较高造诣的专家担任'学科情报专家',配合学科馆员建设学科馆藏和学科知识服务体系。"①

扩充型团队模式的特点是:学科服务的内容广泛,在服务过程中人员利用调配灵活,可无缝实施资源保障、素养提升、深层情报评价、宣传沟通等全方位的学科服务。此模式的团队成员由学科馆员和来自不同部门的信息服务中心人员以及学科情报专家等组成,服务人员得到了扩充。

(四)拓展型团队模式

拓展型团队模式是在相关学科院系的支持下,由各院系不同科研团队根据具体情况配备1名或多名研究生或教师,称为信息专员,或者是学生顾问或图

---

① 梁晓贺,周爱莲.专业图书馆学科化服务团队建设模式探索[J].农业图书情报学刊,2015,27(11):190.

情教授。这些信息专员了解本院系科研状况又热心于图书馆信息服务,保证了学科馆员与院系的联系沟通,提高了图书馆信息服务的针对性。这种团队模式不局限于图书馆工作人员,是一种学科馆员与学院(系)相关科研管理人员耦合的"嵌入型团队模式"。

拓展型团队模式的特点是:学科服务深入科研的全谱段,将学科馆员嵌入用户的学科专题或问题群组中。该服务模式的核心是信息流通顺畅,服务反馈及时,并且在专业问题上能够得到充分的文献解读和信息评价,对学科服务的质量和满意度都会有所提升。

(五)网络交互型团队模式

随着网络技术的发展和网络资源的丰富,用户对网络资源的依赖性加强。人们不再局限于面对面交流,学科门户、导航工具等实现了信息资源的集成和统一检索,集成知识揭示、抽取技术功能于一体的学科服务平台的设计,使得学科服务模式向网络化推进。学科馆员业务平台的使用实现了学科馆员与用户的网络实时交互,"将学科馆员、学科用户和学科资源三者紧密结合在一起。学科馆员深入了解、搜索、分析、评估、选择有价值的信息资源,进行统一的分类整理、标引建库,分析、组织、集成、定制各类信息系统和信息服务,在统一的平台上提供学科信息跟踪和数据服务、开展课题服务和信息分析、进行学科研究咨询和学术交流、保存与管理学术成果等"①。

网络交互型团队模式的特点是:基于信息内容管理,通过内容分析和知识发现、知识挖掘为用户提供知识服务。这种网络服务平台节约了大量的人力资源,让学科馆员与用户在共享资源的基础上共同参与到学科资源的共建共享中来,形成了特殊的学科知识网络,使得学科馆员和用户的信息交互更为多样和顺畅。

学科服务的方式和团队间协作的模式有多种,在实际工作中,一个单位并

---

① 蔚海燕,卫军朝.研究型图书馆学科服务的转变:从学科馆员到学科服务平台[J].大学图书馆学报,2013,31(6):78.

不是只单独存在于一种模式,可以将多种模式整合或加以变化,根据各馆的实际情况和学科化服务开展的规模和程度灵活采用何种团队协作模式。总之,培养团队专业智慧和协作能力,是提升整体学科服务水平的强大支撑。

第五章

用户认知学科服务绩效评价体系的构建

第一节 用户认知学科服务过程影响因素分析

学科服务的开展不是图书馆学科服务馆员单方面做出努力就会有成效的事情,需要多方面资源的支撑和配合,学科服务质量更是受多方因素的影响。

一、管理制度因素

高校图书馆以提升组织目标的实现进程来制定管理制度,通过制度的合理性、有效性提高图书馆管理活动过程中处理信息的能力。为了做到管理制度的有效性,需要从组织结构、环境和个体认知要素方面满足组织目标分解的可行性。

首先,明确图书馆管理活动过程中组织结构的条理性、互依性和协调性。

健全管理制度结构,合理制定组织之间制度的相容度,大制度(全馆制度)和小制度(部门制度、岗位制度)的制定做到公平、灵活和人性化。例如,高校图书馆管理制度体系中要包含学科馆员管理的内容,学科服务工作才有理可据。同时学科服务要制定涵盖学科服务对象、服务内容、服务方式、服务条件,包括学科馆员任职要求、岗位职责、考核评估等在内的比较完整的服务流程、人员培养制度、评价机制及激励制度以及团队化制度,使学科服务有章可循,有据可依。

其次,保障图书馆管理制度的有效性。

"高校图书馆管理制度制定的有效性取决于制度目标、制度组织、制度环境之间的一致性程度,体现在制度文本的操作性、均衡性、兼容性和约束性之上。"①图书馆的外部环境资源影响上级管理部门对组织制度目标形成的规范制约,内部环境资源影响了组织制度的有效实施。影响制度有效性的因素还包括:制度的来源、制度人性化的程度、制度结构健全的程度、制度自我实施的能力、制度的性质、制度的公平性、制度的简明性、制度的灵活性、制度与相关制度的相容度、制度与制度环境的契合度、制度的执行方式等。②

最后,提升个体对图书馆管理制度的认知度和执行度。

组织制度的制定要符合工作个体本身的工作内容、素质水平及工作能力,能够让工作人员通过业务的开展、流程的内化、自身的认知使工作达到预期,并在情感行为和价值实现上进行接受。

只有制度与工作个体的价值实现相符并为个人的工作预期和发展前景提供可靠的信息和潜在的影响,才能促进制度的执行度和个体对于制度目标的行为外化。例如,在围绕优化业务工作流程、建立科学的监督考核机制的同时,在制度中体现改善工作条件、提升福利待遇、认可工作业绩等辅助制度条款设计,则更能推行制度的实施行为,使制度成为工作行为顺利开展的有效条件支撑。

具体到学科服务部门管理制度,可以从全馆层面针对学科服务的意义,对学科服务部门的机构设置、部门间协调机制、经费机制、人才引进政策等做出指导,保障学科服务在理想状态开展;然后"根据学科服务开展的发生顺序,可以将学科服务制度体系划分为学科服务开展前的规范制度、学科服务过程中的保障制度、学科服务发生后的完善制度,即学科服务管理制度、学科馆员服务制

---

① 朱明.高校图书馆管理制度有效性的理论构建:基于扎根理论的探索性研究[J].图书情报知识,2016(1):49.

② 冯务中.制度有效性理论论纲[J].理论与改革,2005(5):15-19.

度、学科服务评价制度"①进行工作流程制定、岗位职责定位、工作绩效考核、服务反馈及监督评价,规范学科馆员服务行为和工作方向,完善学科服务管理途径。

二、文献信息资源因素

一般来说,高校图书馆的馆藏资源建设与本校学科建设应该保持一致性,但是在具体资源的采购中,高校图书馆能够保证书刊文献资源的共性需求,但是读者与用户对文献资源的阶段性与个性需求的满足上还有一定难度。这会造成某些文献资源处于浪费和闲置的状态,某些文献资源处于匮乏和不足的状态。文献储存量与师生的需求量、文献资源需求的共性与师生需求的个性之间的矛盾影响了学科服务文献保障的基础。

学科服务的开展,需要一定的馆藏资源保障。

首先,根据学校科研、教学工作需求,围绕高校学科建设,根据一流学科和特色学科的发展,确立纸质、电子、网络文献"三位一体"的馆藏资源基本格局,合理安排专业文献资源比例,保持重点学科必需文献和特色资源的完整性和连续性馆藏配置。其中,纸质文献资源和电子多媒体资源的比例要符合高校师生的利用习惯和利用行为。对高校图书馆现有纸质文献的电子化和文献加工、整合,及建立起本校机构知识库、信息资源导航是补充电子资源的一个有效方式,但同时也要加大经费投入,购买科研和教学常用的中外文综合和专业数据库。"注重学科网络虚拟资源建设,整合实体资源与虚拟资源体系,逐步形成馆藏文献资源丰富、网络资源占有一定优势的学科特色明显的馆藏体系。"②这是图书馆开展学科服务必备的馆藏文献资源保障。

其次,做好高校文献信息资源共享工作。高校的科研活动需要大量的文献

①　沈洋.高校图书馆学科服务制度体系建设研究:基于我国39所985高校的调查[J].现代情报,2017,37(5):122.

②　吴玉玲.高校图书馆学科服务滞后原因分析及改进措施[J].新世纪图书馆,2017(1):44.

资源支持,但是因为资金问题,一个高校能够购买的信息资源毕竟有限。图书馆一方面应注重网络上海量的免费信息和 OA 资源的搜索、筛选、编辑与整合,以开放获取形式提供给学科用户,作为学科前沿信息和学科建设对文献资源的补充。网络免费学术资源的建设,优化了资源结构,但新颖、即时、主观性强的信息资源,需要对其学术价值和应用价值进行认真的筛选、鉴别。另一方面应发挥高校图书馆联盟的作用,在联机书目、馆际互借、文献传递等方面做出更多的努力。例如,CALIS 和 CASHL 两大图书馆联盟在文献共享方面就做出了很大贡献,图书馆机构知识库联盟也取得了一些经验,各省市高校图书馆协会和工作委员会也在资源共享方面发挥了作用。

三、信息技术因素

信息技术是用于管理和处理信息所采用的各种技术的总称。简单来说,凡是能扩展人的信息功能的技术,都可以称作信息技术。图书情报机构也是信息机构,信息检索从穿孔卡片到机读目录,再到 OPAC 公共目录查询,在图书馆信息服务工作环节中,信息技术是不可或缺的工具。

在实现计算机管理的现代图书馆,信息的产生、搜集、存储、显示、识别、加工、处理和利用传递过程中,信息技术都发挥着巨大的作用。目前,信息可视化、人工智能、数据库技术、射频(RFID)技术、Wi-Fi 技术、三维建模、远程遥控、虚拟现实和移动终端等新技术的开发和使用,使得图书馆服务方式、服务内容和服务范围更加广泛和深入。

信息技术围绕图书馆的环境、平台、资源、服务做出基础技术保障,维护系统正常运行。(具体技术应用分类见表5-1)

环境技术奠定了图书馆的运行理念,以何种形式和形态发挥图书馆的功能,这与时代的特色和时代的需求密不可分,体现时代的特征和发展趋势。

平台技术是图书馆的基础设施服务方式的改变,影响图书馆作为情报机构的业态,以及与相关产业的连接方式。集成数据的管理平台、联机协助的服务平台等多功能技术平台利于图书馆资源的推广和利用。

表5-1　图书馆信息技术应用分类

环境	平台	资源组织	服务应用	系统
移动图书馆 智慧图书馆 无人图书馆 虚拟现实技术 创客空间 ……	数字阅读平台 数据导航平台 数据服务 集成数据库 ……	关联数据 联合书目 大数据 ……	移动 APPS RFID 定位 位置服务 自助打印 微博 微信 虚拟咨询 ……	业务管理系统 安全管理系统 资源发现系统 ……

资源组织技术是图书馆的核心支撑技术,结合网络和大数据技术的开发和成熟应用,图书馆在资源搜集、存储、获取、组织、利用、评价等方面的功用发挥得更加有效。

服务应用技术面对用户,注重与读者的交流和互动,在信息世界,尽量做到信息公开地呈现在每个用户面前,消除用户的信息鸿沟,实现信息资源的共享和公平。

系统技术是图书馆在新形势和新环境下面临新问题的解决方案和支持开展新业务的集成软件。这些系统为图书馆服务的深度挖掘提供了技术工具,方便了图书馆的新颖尝试和开拓创新。

信息技术在图书馆广泛应用,丰富了图书馆的功能与服务。例如,馆藏资源数字化、数字立体化、载体虚拟化和网络虚拟现实资源的馆藏化,改变了传统单一的资源揭示和信息服务手段与方法,激发了用户使用图书馆的兴趣。又如多样化通信平台工具开拓了图书馆与用户实时沟通联系的渠道,以保证学科服务内容的准确性、实用性和及时性。

四、学科服务人员素质因素

在图书馆开展学科服务的过程中,若馆藏资源和信息技术是硬件条件,那么图书馆学科服务及其相关工作人员的业务和信息素质则是软件条件,对学科服务的开展和服务质量都有较大的影响。

学科馆员素质方面的影响因素主要包括环境需求、个人能力和思想理念方面，比如组织用人和人才选拔制度、工作立意、服务理念、个人能动性、职业操守、工作积极性、服务创新意识、敬业进取精神、社会沟通交往能力等。

一方面，要营造优良的学科服务环境。图书馆根据本校学科建设制定知识结构和知识层次要求，对学科馆员的任用和选拔做出一定的硬性指标描述，形成竞聘机制；以定量与定性两种方式为基础，从学科馆员和用户双方面评估，形成可操作、可执行的服务水平和质量考核机制及激励制度。

积极有效的评估考核方法和奖励政策可保障学科馆员的权益，能调动个人能动性和工作热情，激发创新意识，提高服务效率。

另一方面，也要注重学科馆员个人能力的培养和团队化提升。各种新技术在图书馆的应用，必然会给使用信息资源的用户和提供信息服务的工作人员的信息素养带来挑战。学科馆员是具有竞争力的复合型人才，他们的智慧是学科服务的核心力量。要培养优秀的学科馆员，不仅要具备使用相关先进技术和设备的能力，还要迅速接受和适应新的服务模式，了解相关学科领域的发展信息，面对特殊群体的专业问题时，能根据个人的信息素养，结合信息员的专业知识，提高职业水平和服务质量。

除了提升学科馆员的专业知识和业务技能等综合能力，还需要制定学科服务的团队化制度，由图书馆主要部门包括参考咨询、系统、流通、采编、阅览等，协调各方人力资源，通力配合，相互合作，共同推进知识组织、馆藏建设、学科联络、情报研究等高层次的学科服务。

此外，学科馆员的服务理念、职业操守也能影响学科服务工作的开展。不管是以"满足用户需求"为主的阵地式信息服务，还是主动联合科研活动的嵌入式知识服务，都需要秉承学科化服务理念，努力将自己的工作和研究内容融入学科服务成果当中，做到全心投入、敬业进取、尽职尽责、主动创新。

五、用户认知因素

用户认知与学科服务具有一定的关联性,用户对信息感知、吸收和利用的效果一方面取决于信息是否契合用户的需要,另一方面取决于用户对信息的认知能力。

用户要对图书馆资源利用的便捷性、查询结果的可靠性、图书馆提供的软环境等有所了解,希望自己的需求期望能够得到满足。学科馆员则要了解用户的需求,基本的要求是熟悉用户相关学科的文献资源分布、学科的资源建设、科研发展动态等情况,如果是多层次个性化服务,还要深入了解用户的学科背景、学术成长情况。

因为同样的信息资源给予不同用户会产生不同的效果。用户对信息的理解、接受和融合与自身的信息素养和科研感知有很大的关系。面对特定的目标用户群体,简单粗放的被动服务方式已不能满足用户的需求。高校图书馆可把本校的重点学科作为核心用户,提供明确定位、细分目标的品牌服务,并开展用户研究,多角度和多层次认知用户的科研需求和研究习惯。

根据用户科研要求和自身的特点,一般可分为学习型用户、教学型用户及研究型用户。不同的用户类型对学科服务的要求层次和需求会有所不同,对信息资源的理解和关注角度也会不同。

学习型用户需要的是获取信息资源的方法,根据学科目标、授课进度等情况为知识学习搜集整合学科参考资料,那么图书馆就要了解此类用户的信息检索能力和对信息的判断能力。

教学型用户需要的是从课程设计到教学过程的信息资源,关注的是信息的检索技巧、通用层次和学科层次的信息素质的培养。那么就要了解此类用户的信息环境、信息组织和分析评价能力。

科研型用户是学科服务的重点对象,图书馆结合科研工作的不同阶段,拓展和深化学科服务内容。在研究初期阶段,需要的是课题研究基础、领域现状、研究热点、研究趋势等信息,那么就要了解用户对信息资源的整合能力、定量和定性分析能力;在研究中期阶段,需要的是课题研究前沿特征、研究方向重点细节等信息,那么就要了解用户的组织合作能力以及对信息总结、分析、提炼和挖掘的能力;在科研的结项阶段,需要的是课题学术价值评估、成果的影响力分析等信息,那么就要了解用户对科研过程的材料补充和整理能力、信息交流能力。

学科馆员要了解用户的认知特点,包括用户的科研特点、学科成长历程、知识结构、个性特征、信息意识、信息习惯、学习能力、知识更新能力、科研能力及创新能力。要了解用户的信息交流渠道,可通过手机、微博、微信等实现与用户的实时信息交流和情感融入,引导用户的信息需求,培养资源利用习惯,形成良性互动;要了解用户对信息接受模式的选择,利用知识管理平台和技术,使用户方便快捷地获取资料或其相关联的来源链接。

第二节　围绕服务需求和用户认知的评价指标选择

学科服务是一个双向互动的服务过程。评价学科服务不能单从学科馆员或单从用户的角度考虑。一般来说,学科服务质量是满足用户学科信息需求服务的总和,包括服务态度、方式、手段和结果等的一系列活动。本书考虑学科服务的多种影响因素,从制度、资源、技术、学科馆员、用户认知、服务效果等6个一级指标、25个二级指标评价图书馆的学科服务能力。(具体指标及其说明见表5-2)

表5-2　学科服务评价指标及其说明

一级指标	二级指标	指标说明
制度	制度合理性	制定有部门制度、岗位制度、人才培养制度、激励制度、团队制度等分层管理制度
	制度有效性	制度具有灵活性,制度间具有相容性,符合图书馆大环境的要求
	制度执行性	与工作个体的工作内容相符,与工作个体的素质水平、工作能力相符,与个体的价值实现相符

续表 5-2

一级指标	二级指标	指标说明
资源	馆藏资源	有与本校学科建设相匹配的纸质、电子、网络文献资源配置
	资源共享	具有免费信息和 OA 资源、联机书目、文献传递、馆际互借等资源获取的渠道和路径
技术	环境技术	图书馆具有虚拟环境、模拟空间的技术实现
	平台技术	可实现数字阅读平台、数据导航平台、集成数据库等平台的顺畅应用
	资源组织技术	可实现数据关联、联合书目查询、大数据分析等功能
	服务应用技术	可施行移动终端检索、RFID 定位查询、位置预约服务、自助打印、微博微信信息推介、虚拟咨询等服务
	系统技术	具有完善的业务管理系统、安全管理系统、资源发现系统等系统应用软件
学科馆员	环境需求	根据学科服务特点对人才任用和选拔,并进行质量考核
	业务能力	学业水平、职称、学历、专业知识
	专业能力	了解学科文献资源分布、学科的资源建设、科研发展动态等情况
	学科服务能力	分析提炼和挖掘能力、材料补充和整理能力、信息交流能力
	沟通能力	与用户在学科服务中的沟通与交流能力
	自我发展能力	积极参加继续教育和学术科研
	思想理念	完善和优化信息服务模式,更新服务理念
	人员合作	部门内外合作的能力
用户认知	学科背景	了解用户的知识结构、知识更新能力、个性特征
	学术成长情况	了解用户的科学研究方向的选择和特点
	科研感知	了解用户的科研需求、信息意识、信息习惯、学习能力、研究习惯
	信息素养	了解用户的信息检索能力、对信息的判断能力、信息组织能力、分析评价能力
服务效果	服务内容	提供信息内容符合科研需要,能满足用户心理需求
	服务过程	时间安排合理,服务过程有序
	服务方式	学科馆员服务态度良好,沟通顺畅,资源获取方便,个性化要求得到实现

第三节　建立多层次、多维度的学科服务
能力评价指标体系

　　"图书馆对服务工作各组成要素、部门和环节的管理目标和工作标准的相互关系,进行层层分解,制定出不同层次、具体化和系统化的评价指标,这就形成了多维结构的评价指标体系。"①

　　层次分析法(Analytical Hierarchy Process,简称 AHP)是 20 世纪 70 年代由美国学者萨蒂(Thomas L. Saaty)教授最早提出的一种多目标评价决策方法,可划分为目标层、准则层和指标层三个层次。本书借鉴层次分析法的评价方法,从目标完成基础层、目标完成能力层、目标完成满足层三个层次对图书馆学科服务质量进行评价。其中,制度、资源、技术等指标反映目标完成需要的制度、环境、技术支撑等基础保障,学科馆员的业务能力和用户的学术素养等是学科服务得到较好实现的人员条件,服务内容、过程和方式是目标内容满足与否的实际体现,也是用户对服务最直观的效果反馈。

　　在图书馆学科服务质量的评价过程中,由于人们具有不同的价值观和思维方式,对一些重要指标的理解也会有差异。Sheth 等学者认为,"有五种价值观念影响消费者的选择行为,即功能性价值、社会性价值、情感性价值、认知价值和情景价值"②。用户对帮助实现自己目标和期望的信息产品在价值上的感知会超过对其他因素的权衡。用户对价值的判定源自其通过学习所得到的感知,其偏好与评价决定了顾客所认同的商品价值。所以用户容易通过自己对产品的感知价值,作为评价产品和服务的标准。"对图书馆而言,也要真正站在用户的角度看待我们所提供的信息资源和信息服务的价值,并借助层次观的理论来

---

　　① 李亚梅.现代图书馆服务质量评价体系构建研究[J].图书馆,2010(4):42.

　　② SHETH J N, NEWMAN B I, GROSS B L. Why We Buy What We Buy:a Theory of Consumption Values[J]. Journal of Business Research,1991,22(2):160.

构建用户感知价值模型,以评价图书馆学科服务的效果。"①该评价体系不采用定量指标,主要也是与服务质量和用户对产品的感知有关,难以用定量的指标进行规范和量化。

据此,上述基于用户感知价值的学科服务指标就每个问题在五个等级进行评分,分别为优、良、中、弱、差,每项指标的测度分为4分,从高到低分别为4、3、2、1、0,指标总分100分。参评人员结合自身对目标完成的感知、体验,就每个问题进行评分,指标分值越大表示在该方面表现越好,总分越高表示服务质量越好。(具体见表5-3)

表5-3 学科服务指标评分

层次	指标	等级评分					得分
		优	良	中	弱	差	
目标完成基础层	制度合理性	4	3	2	1	0	
	制度有效性	4	3	2	1	0	
	制度执行性	4	3	2	1	0	
	馆藏资源配置	4	3	2	1	0	
	资源共享渠道和路径	4	3	2	1	0	
	环境技术实现	4	3	2	1	0	
	平台技术应用	4	3	2	1	0	
	服务系统服务	4	3	2	1	0	

① 赵闯.基于用户感知价值的高校图书馆学科服务评价研究[J].图书馆学研究,2014(18):99.

续表 5-3

层次	指标	等级评分					得分
		优	良	中	弱	差	
目标完成能力层	人员考核环境	4	3	2	1	0	
	学科馆员业务能力	4	3	2	1	0	
	学科馆员专业能力	4	3	2	1	0	
	学科馆员服务能力	4	3	2	1	0	
	学科馆员沟通能力	4	3	2	1	0	
	学科馆员自我发展能力	4	3	2	1	0	
	了解用户学科背景	4	3	2	1	0	
	了解用户学术成长经历	4	3	2	1	0	
	了解用户科研感知度	4	3	2	1	0	
	了解用户信息素养情况	4	3	2	1	0	
	了解用户信息习惯	4	3	2	1	0	
	了解用户信息需求目标	4	3	2	1	0	
目标完成满足层	信息服务内容全面	4	3	2	1	0	
	数据分析合理	4	3	2	1	0	
	可视化图表直观明确	4	3	2	1	0	
	服务过程有序	4	3	2	1	0	
	服务方式便捷	4	3	2	1	0	
总分							

第六章

可视化学科服务的应用展示

第一节　案例对象选择

随着学科用户信息需求呈现多样化和个性化,学科服务的种类和服务内容不能一一进行案例展示。本书以图书情报学科专业用户在科研选题阶段的信息需求为研究案例,辅助利用可视化分析工具,确定以下学科服务方案。

(1)在中文文献中,选择"图书馆、情报与档案管理"作为大类学科分析对象,对学科研究的基本情况,如学术研究脉络、研究前沿、学科关联、新兴主题等进行数据分析,为科学研究选题范围的圈定提供数据支撑。

(2)在外文文献中,选择学科"Information Science & Library Science"(情报学和图书馆学)在图书馆方面的研究,进行文献发表情况、引用情况、机构情况、来源情况的数据分析,明确学科主题发展趋势和研究价值。

(3)结合中外文文献的研究,进行研究主题的确定。通过对确定主题的国内外文献内容表征、来源期刊评价以及核心作者、核心机构等信息的分析,寻求主题研究的机构合作和同行合作,从而促进学术交流和扩大研究的影响力。

第二节　可视化分析方法和分析软件的合理选择

一、数据来源及分析类目的确定

可视化技术已经广泛应用于大数据分析之中,国内外各大型数据库纷纷将数据库建设的重心从知识信息资源的大规模整合、集成、传播转向以数据整理、信息挖掘、情报分析为路径,以准确、完整的数据索引和数据对象为核心,构建多维知识分析与评价应用的一体化服务平台。其中多维度统计分析、主题发现等数据挖掘和可视化结果展示为学科知识服务提供了有力的支持。

根据学科服务项目数据需求的情况,可选取相应的数据库平台和分析软件。本书主要通过两种途径展示可视化分析在学科服务中的应用,一种是数据库的可视化分析功能,对文献的外部特征和文献内容进行分析;一种是网络可视化分析软件,构建网络知识图谱。

本书根据定量分析与定性评价相结合的原则,采用文献分析和数据统计的方法,利用 CNKI(中国知网)、万方数据库、SSCI(社会科学引文索引)、InCites 数据库等四种国内外权威数据库对需要分析的学科或主题进行数据检索,分别对发文量、被引量,及在国际、国内的影响力进行数据收集、筛选甄别、聚类整理和统计分析。并且将 Web of Science 采集的数据导入 VOSviewer 可视化分析工具,生成高频关键词共现网络图。

其中 CNKI 侧重于对中文文献发表时间分布、主要学者和主要机构的研究成果评价。万方数据库侧重于国内学科现有研究状况的统计和数据发现。SSCI 较侧重于相关基础研究成果评价。InCites 数据库侧重基于检索的评价结果呈现。VOSviewer 构建研究主题的聚类网络图谱。(具体分析安排见表 6-1)

表6-1 数据库及分析软件的选择

分析类目	分析任务	分析软件
国内学科领域研究状况	①学术脉络、研究前沿和主题分析 ②学科发文趋势分析 ③学科主要发文作者和机构分析 ④学科主要来源期刊分析	CNKI 数据库分析平台 万方数据库分析平台
国外学科领域研究状况	①主要发文区域 ②学科主要发文机构 ③国际发文合作	Web of Knowledge 分析平台 VOSviewer 分析
学科主题研究影响力分析	①学科研究成果时间、数量分析 ②学科研究成果引文分析 ③主要发文机构学术影响力分析	CNKI 数据库分析平台 Web of Knowledge 分析平台 InCites 分析
学科研究机构合作分析	①合作区域、合作机构分析 ②来源期刊影响力分析	InCites 分析
学科科研内容和引文表征	①主题共词分析 ②主题研究密度分析 ③引文影响力分析 ④规范化的引文影响力分析等	InCites 分析 VOSviewer 分析

二、数据库及分析软件的简单介绍

(一)CNKI

CNKI 是连续动态更新的,是集成整合包括期刊、博硕士学位论文、会议论文、报纸、专利、标准、科技成果等各类文献资源的大型全文数据库和二次文献数据库,以及由文献内容挖掘产生的知识元数据库。CNKI 的特点是信息资源类型多样,数据量庞大并且学科涵盖面广,为科学研究提供了充分的信息资源保障和最有效的知识传播与数字化学习平台。

(二)万方数据库

万方数据库全称为万方数据知识服务平台,是建立在因特网上的大型科技、商务信息平台,整合数亿条全球优质知识资源,集成期刊、学位认文、会议论文、科技报告、专利、标准、科技成果、法规、地方志、视频等十余种知识资源类型,内容涉及自然科学和社会科学各个专业领域。万方数据库的特点是支持多维度组合检索,感知用户学术背景,实现智慧搜索,打造海量学术文献统一发现及分析平台。

（三）SSCI

SSCI 是美国科学情报研究(Institute for Scientific Information,简称 ISI)核心的三大引文索引(SCIE、SSCI、A&HCI)数据库之一,是全球知名的专门针对人文社会科学领域的科技文献引文数据库。其内容覆盖了政治、经济、法律、教育、心理、地理等五十多个研究领域的国际优秀期刊。该库具备强大的分析与评价功能,是目前国际上最具权威性的、基础研究和应用基础研究成果评价的重要工具。

（四）InCites 数据库

数据来源于 Web of Science 核心合集七大索引数据库,包括 SCIE(Science Citation Index-Expanded,科学引文索引)、SSCI(Social Science Citation Index,社会科学引文索引)、A&HCI(Arts and Humanities Citation Index,艺术人文引文索引)、CPCI-S(Conference Proceedings Citation Index-Science,会议论文引文索引—科学版)和 CPCI-SSH(Conference Proceedings Citation Index-Social Science &Humanities,会议论文引文索引—社会科学与人文版)、BKCI-S(Book Citation Index-Science,图书引文索引—科学版)和 BKCI-SSH(Book Citation Index-Social Science &Humanities,图书引文索引—社会科学与人文版),是经过数据清理与机构名称规范化处理生成的分析评估型数据库,可对学科、机构、研究人员、研究方向等进行分析评价,拥有多元化的指标和丰富的可视化效果,评价功能强大。

（五）VOSviewer 分析工具

VOSviewer 是众多基于文献计量方法开发的绘制知识图谱的免费软件之一。通过聚类功能构建一个二维图谱显示词族关系和研究密度,可通过每个节点的大小显示关键词"共现"的频次,每两个节点之间通过连线表示存在共现关系;也可通过节点的聚集程度显示研究密度和研究热度。

（六）一些概念释义

期刊影响因子（Impact factor,简称 IF）是通过某刊平均每篇论文的被引次数衡量期刊影响大小的一项定量指标。期刊当年的影响因子是其前两年刊载的论文在当年被引总次数与该刊前两年的载文总数的比值,数值越大,表明期刊发文的篇均被引率越大,那么期刊的影响力越大。期刊引证报道（Journal Citation Reports,简称 JCR）是世界上评估期刊权威性的综合数据库,每年提供上一年度该数据库收录的每种期刊的影响因子。值得注意的是,期刊影响因子对同一学科类别的期刊质量评价有一定的意义,由于不同学科类别对文献引用的特点不同,不能简单地用影响因子的数值大小判定期刊的质量,可以结合期刊分区进行评价。

期刊分区也是评价期刊影响力大小的一项定量指标。因为期刊的影响因子每年都会变动,而且不同学科领域期刊的影响因子差异很大,仅凭影响因子比较不同领域的期刊有很大的局限性。于是,把同一学科领域的期刊,按影响因子从大到小进行排序,然后按点位百分比划入不同区域,在前面区域的期刊就是该领域的顶级刊物,直观反映该刊在领域内的水准和大致排位。目前期刊分区影响较为广泛的有两种:一种是 JCR（期刊引证报道）,每年根据学科分类按照期刊的影响因子降序排列,平均分为 4 个区（各 25%）,分别是 Q1,Q2,Q3,Q4。另一种是中科院分区,按照各类期刊影响因子排序划分,前 5% 为该类 1 区,6% ~20% 为 2 区,21% ~50% 为 3 区,其余的为 4 区。

h 指数（h-index）是一个混合量化指标,可被定义如下:如果一位学者至少有 n 篇论文的被引频次不低于 n 次,则该学者的 h 指数为 n。h 指数综合考虑了科研产出（发文数量）和科研影响力（被引数量）,可以揭示一组文献的被引情况的分布。h 指数可以应用于多个层面,可作为作者、机构、期刊等的学术成就的计量指标。在作者层面,一个人的 h 指数越高,则表明他的论文影响力越大;在机构层面,h 指数越高,则表明机构发表了大量的有影响力的成果;需要注意的是,h 指数是一个与时间和发文积累相关的指数,而且不适合用于跨学科专业的比较。

立即指数(Immediacy Index)是指用某一年中发表的文章在当年被引用次数除以同年发表文章的总数得到的指数。该指数用来评价哪些科技期刊发表了大量热点文章,进而能够衡量该期刊中发表的研究成果是否紧跟研究前沿的步伐。立即指数量度一份期刊的普通文章在出版年度内被引用的速度,或者在同一年内期刊中的论文被引用的频率。

研究前沿(Research Fronts)通过聚类分析方法测度高被引论文之间的共被引关系而形成高被引论文的聚类,再通过对聚类中论文题目的分析形成相应的研究前沿(研究关键词)。

引文影响力(Citation Impact)指一组文献的引文影响力的计算,是通过使用该组文献的引文总数除以总文献数量得到的。引文影响力展现了该组文献中某一篇文献获得的平均引用次数。引文影响力可以应用于作者、机构、区域、期刊等层面的科研评价,但这个指标也存在一定的自身局限性,如该指标忽略了科研产出的总体数量。

学科规范化的引文影响力(Category Normalized Citation Impact,简称 CNCI)是按学科、出版年和文献类型统计的规范化的引文影响力(论文篇均引文数)。一篇文献的 CNCI 是通过其实际被引次数除以同文献类型、同出版年、同学科领域文献的期望被引次数获得的。如果 CNCI 的值等于 1,说明该组论文的被引表现与全球平均水平相当;CNCI 大于 1,表明该组论文的被引表现高于全球平均水平;小于 1,则低于全球平均水平。因为学科规范化的引文影响力是一个平均值,高被引论文的引用数值可能会对其产生影响,需要和其他指标一起对学科进行评价。

期刊规范化的引文影响力(Journal Normalized Citation Impact,简称 JNCI)是按期刊、出版年和文献类型统计的规范化的引文影响力。一篇文献的 JNCI 值为该文献实际被引频次与该发表期刊同出版年、同文献类型论文的平均被引频次的比值,反映论文在发表期刊上的表现。一组文献的 JNCI 值为每篇文献 JNCI 值的平均值。如果 JNCI 的值等于 1,说明其论文的被引表现与期刊的平均被引频次相当;JNCI 大于 1,表明该论文的被引表现高于期刊的平均被引频次;小于 1,则低于期刊的平均被引频次。

论文被引百分比(% Documents Cited)是一组出版物中至少被引用过一次的论文占总论文数的百分比。这个指标揭示了某科研领域其他科研工作者引用本机构科研成果的程度。从这个指标可以得到相应的没有得到过引用的论文的百分比。论文被引百分比不是一个规范化的指标。如果分析中包含当年或近年发表的论文,其中的某些文献可能没有足够长的时间来积累引文。

第三节　可视化分析展示

一、国内学科领域研究状况分析

中文文献的分析选择万方数据知识服务平台的资源和分析工具。万方数据知识服务平台基于自身海量的 1.4 亿条国内外期刊论文、学位论文、科研项目数据,2 亿条引文数据,基于分布式大数据云计算、智能语义分析,对数据进行深度加工,完成了 13 个门类百余个学科的学术脉络演化态势、研究前沿、衍生主题与新兴主题的多种知识图谱可视化分析。“图书馆、情报与档案管理”学科的相关分析图谱见图 6-1 至图 6-4。

学术脉络是一个学科领域在不同时间的知识结构布局,揭示了学术研究主题线索、研究主题随时间变化的演化关系,以及学科领域整体发展趋势。图 6-1 展示了四个时间阶段(2011—2014,2013—2016,2015—2018,2017—2020)的学术脉络知识图谱,每个气泡代表一个学科研究热点主题,气泡面积越大,研究主题相关论文数越多,气泡之间的连线代表主题之间的演化关系,线条粗细表示主题之间关联度的强弱。

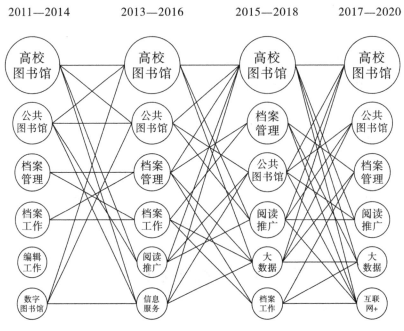

图6-1 "图书馆、情报与档案管理"学术脉络

通过学术脉络图可以看出,在"图书馆、情报与档案管理"学科学术研究中,有关"高校图书馆"主题的研究成果是最多的,"阅读推广""大数据""数字图书馆"等主题近十年在学术研究中保持着稳定的研究状态,而"互联网+"与"大数据"主题与其他主题有着更高的关联度,说明这两个主题是涉及广泛的应用性研究。通过学术研究脉络分析,用户可以考虑将有一定研究基础并且近期受到广泛关注的主题作为研究方向。

研究前沿是对专业领域高被引核心文献和引证文献的研究主题进行科学分析,得出的正在受到关注的最先进或最具发展潜力的研究热点。

随着"图书馆、情报与档案管理"学科领域研究的不断深入,积累了大量的文献。文献之间的聚类和耦合关系,形成了不同研究主题的知识团体,而文献量高于其他知识团体的主题即为领域内的研究前沿主题。

图6-2中,每个前沿主题由一个气泡内的一组关键词来表达,构成了研究

主题的词族关联。气泡的大小与字号的大小均表示相关论文数量的多少。例如,围绕"高校图书馆"的前沿主题就由"高校图书馆、学科服务、服务创新、双一流、学科建设"五个关键词共同表达。可以理解为高校图书馆正在关注双一流学科建设中学科服务的创新研究,从而对用户科研选题提供参考。又如,围绕"用户画像"的研究词族由"用户画像、画像构建、大数据、图书馆、精准服务"构成,反映了目前通过大数据信息提取的用户画像构建,进行图书馆精准服务是用户画像研究的集中表现。

对研究前沿及其词族进行可视化分析,可以快速掌握目前学科领域研究的大致主题、关注点和已有研究路径。跟踪研究前沿可以及时掌握学科领域最新研究动态,找到具有价值的研究方向或潜在研究领域。

图6-2 "图书馆、情报与档案管理"研究前沿主题

"图书馆、情报与档案管理"本身就是一个交叉学科,历来与社会学、政治学、新闻传播学、教育学、计算机科学与技术、应用经济学等学科关系紧密,近年来更是呈现出广泛的跨学科综合发展趋势。图6-3中显示,"图书馆、情报与档案管理"与公共卫生与预防医学、基础医学、中国语言文学、科学技术史等学科之间相互交叉、相互渗透,并衍生出了很多研究主题。

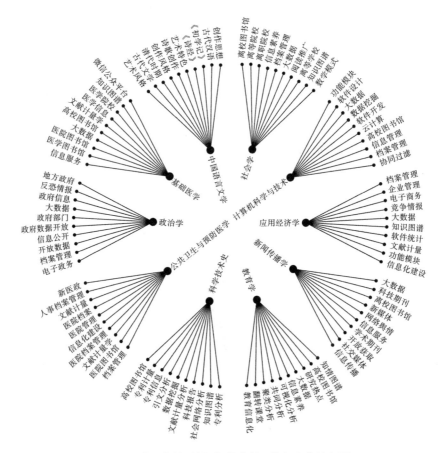

图6-3 "图书馆、情报与档案管理"交叉学科主题

不同学科之间的边缘问题、交叉问题从来都是科学上的重要生长点。学科渗透、交叉"地带"存在着大量的新课题以供选择,如文献计量学、知识图谱、开放数据、信息服务等在不同学科中的应用。

新兴主题是一个学科领域中随着技术进步、社会发展而发端于原有主题,又体现出新兴研究特点的主题,是学科领域重要的处于成长阶段的标志,新兴主题是一个研究方向的尝试,未来可能发展成为学科领域的研究热点。图6-4显示,在"图书馆、情报与档案管理"研究进程中,呈现出一些新兴的研究主题。其中包括重大疫情、智慧图书馆建设、新冠肺炎防疫、图书馆应急服务等。这些主题是在大环境背景下,关联图书馆管理、图书馆信息服务等产生的具有时代特征和时代价值的研究主题。关注新兴主题,对发现先进性和新颖性的课题具有一定的启发作用。

档案管理信息化建设

图书馆应急服务

档案治理   图书馆信息服务

智慧图书馆建设

新冠肺炎防疫   重大疫情   图书馆管理

档案信息化建设

公共图书馆服务

图6-4 "图书馆、情报与档案管理"新兴主题

二、国外学科领域研究状况分析

外文文献选择 SSCI 数据库的资源和分析工具。SSCI 数据库采取的学科分

类模式与中文数据库不同,通常将一个大学科细化为多个分支学科,细化的学科定义成为该学科分类模式的重要特征。细化的学科定义可以客观地聚类和衡量主题内容和引用特性相似的论文,由于期刊可能划分为不同学科领域而出现的学科重叠覆盖问题使分析数据变得复杂,但不会对非精细化的学科研究宏观分析造成太大的影响。

在 SSCI 数据库期刊分类所依据的学科领域中,"Information Science & Library Science"(情报学和图书馆学)作为案例分析学科。包括书目研究、编目、分类、数据库建设与维护、电子图书馆、信息伦理、信息处理与管理、科学计量学、系列图书馆学、特种图书馆学学科主题。

在 SSCI 数据库中构建检索式:WC =(Information Science & Library Science)AND TS =(Library)(WC 为学科类别,TS 为主题)。文献类型:ARTICLE。时间范围:2011 年 1 月 1 日至 2021 年 11 月 12 日。从中检索出十余年来,"情报学和图书馆学"学科领域中与"图书馆"相关的研究文献 8213 篇,将检索结果集合运用 InCites 分析平台,对其进行主要发文区域、主要发文机构的文献质量分析(发文区域、发文机构均按照发文量多少排序取前五名),见图 6-5 至图 6-7。

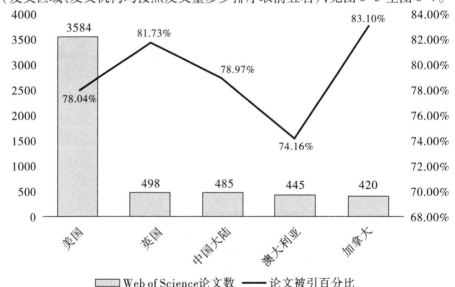

图6-5　主要发文区域及相关论文被引比例

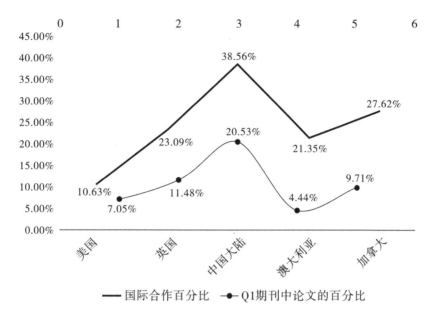

图6-6 主要发文区域的合作发文比例及高质量论文比例

从图6-5、图6-6中可以看出,在"情报学和图书馆学"学科领域中有关"图书馆"的外文文献中,美国发表的论文最多,并远远超出其他国家和地区,其中78.04%的论文有被引用,7.05%的论文发表在Q1期刊中,说明多数的论文得到了广泛关注并产生了影响,美国是最主要的发文区域。中国大陆的论文发表数量虽然不及美国,但也排在前列,其中78.97%的论文有被引用,20.53%的论文发表在Q1期刊中,论文的质量还是比较高的。同时可以看到,美国的国际合作论文只有10%左右,而中国大陆的国际合作论文占比近40%。

对于中国而言,可以做两个方面的理解,一方面,中国已注重与其他国家开展合作,以加大研究成果的影响力;另一方面,中国也要注意在保证论文质量的同时,提高论文的发表数量,确保主要研究区域的贡献量。

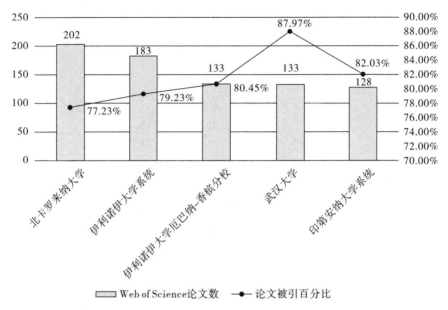

图6-7　主要发文机构及相关论文被引比例

从图6-7可以看出,北卡罗来纳大学(The University of North Carolina)、伊利诺伊大学系统(University of Illinois System)、伊利诺伊大学厄巴纳-香槟分校(University of Illinois Urbana-Champaign)、武汉大学和印第安纳大学系统(Indiana University System)是主要发文机构,不仅发文数量排在前五位,而且论文的被引比例也非常高,多数文献都具有参考价值。

将武汉大学发表的合作论文进行数据分析,得出合作国家与机构的分布情况(按合作发文数量多少排序前五名)。(见表6-2、表6-3)

表6-2　武汉大学合作国家分布情况

合作国家或地区名称	合作论文数量/篇	占发文总数的百分比/%
美国	35	25.55
英国	5	3.65
西班牙	5	3.65
法国	4	2.92
马来西亚	4	2.92

表6-3 武汉大学合作机构分布情况

合作机构名称	合作论文数量/篇
肯特州立大学	6
匹兹堡大学	6
印第安纳大学伯明顿分校	5
印第安纳大学系统	5
加州大学系统	5

从表6-2可以看出,武汉大学与美国(USA)进行的合作研究最多,与英国(England)、西班牙(Spain)、法国(France)、马来西亚(Malaysia)也都有合作关系。

从表6-3可以看出,武汉大学在和国外高校、研究院所的合作中,与肯特州立大学(Kent State University)与匹兹堡大学(University of Pittsburgh)的合作论文稍高于其他国外机构。在有国际合作的基础上,可以通过主要发文区域、主要发文机构的发文内容分析,寻找更多具有共同研究目标的机构进行合作,从而促进研究主题的交流,扩大研究的广度和影响力。

还可以通过h指数和学科规范化的引文影响力进一步分析主要发文机构的学术影响力,见表6-4。

表6-4 主要发文机构的学术影响力分析

机构名称	发表论文数/篇	学科规范化的引文影响力	h指数
北卡罗来纳大学	202	0.63	18
伊利诺伊大学系统	183	0.48	14
伊利诺伊大学厄巴纳-香槟分校	133	0.45	11
武汉大学	133	0.83	16
印第安纳大学系统	128	1.12	24

从表6-4可以看出,这五个主要发文机构中,印第安纳大学系统(Indiana University System)的论文被引表现高于全球水平,可能来源于一篇高被引论文的影响,同时h指数最高,共同表明该机构的论文具有较高的学术价值和学术影响力。其他机构中,武汉大学在133篇相关研究文献中,有16篇文献被引次数超过16次,学科规范化的引文影响力接近全球平均水平,在中国的相关研究中成果显著。

将上述检索出的8213篇文献选取最新发表的前500篇导入VOSviewer可视化分析软件,对文献集合中关键词出现频次大于20的70个共词进行分析,显示关键词的词族关系和研究密度,分析最新研究的主题分布情况。(见图6-8)

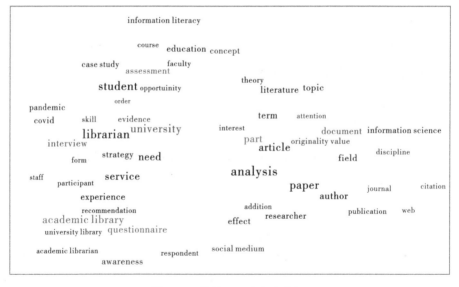

图6-8　关键词研究密度分析

图6-8显示的是研究主题的密度和热度,用关键词出现的次数和频率度量,关键词字号越大,表明关键词出现的次数越多、频率越高,研究的关注度越高。

从图6-8中可以看出,目前外文文献相关研究大致分为两大方向,一个是图书馆员（librarian）研究，一个是分析（analysis）研究。图书馆员（librarian）词族主要包括大学（university）、高校图书馆（academic library）、服务（service）、需求（need）、策略（strategy）、经验（experience）等；分析（analysis）词族主要包括论文（paper/article）、作者（author/researcher）、journal（期刊）、学科（field）、效果（effect）等。据此，可以做如下推导："大学图书馆管理人员根据需求的服务策略和经验分享"和"关于文章、作者、期刊、学科等主题进行的分析"是文献比较集中的研究内容。

三、基于选定学科主题的知识发现

在对"图书馆、情报与档案管理"学科中文文献学科脉络、研究前沿和新兴主题的分析中，发现"智慧图书馆"的研究是一个颇受关注的研究主题。在对"情报学和图书馆学"学科有关"图书馆"的外文文献分析中，发现围绕"analysis"形成了一个研究主题词族，集中反映了对"论文、作者、机构、期刊"等的分析。

"智慧图书馆"融合了智能图书馆构建、图书馆智慧化服务等思想理念，是指把智能技术运用到图书馆建设中，与高度数字化管理的图书馆的有机结合和创新。智慧图书馆包含实体空间的智能化感知以及虚拟空间的智慧化服务和管理，是一个不受时间限制，具有更广泛的互联互通的数字化、网络化、智能化的信息科学知识有机体。

"智慧图书馆"是个宽泛的概念，相关研究的文献数量庞大，本书案例从物联网、云计算、大数据分析等先进信息技术在图书馆的应用角度出发，结合外文文献在图书馆对数据分析方面的研究，确定"数据分析技术在图书馆智慧服务中的应用"主题，通过数据可视化分析功能，展现研究主题的发展趋势、主题关联、核心作者、核心机构等信息，辅助用户研究主题的知识发现和知识挖掘。

（一）检索式的确定

根据研究主题，考虑同义词扩展，进行关键词提取，形成以下检索策略。

（1）中文检索式：主题＝（智慧 or 智能）AND 主题＝（图书馆）AND 主题＝（大数据 or 物联网 or 云计算 or 互联网+ or 人工智能）。

（2）外文检索式：TS＝（analysis AND library）ANDTS＝（bigdata OR the internet of things OR cloud computing OR artificial intelligence）。

（3）时间范围：2011 年 1 月 1 日至 2021 年 11 月 12 日。

（4）检索工具：CNKI、SSCI 数据库。

（5）中文文献类型：学术期刊、学位论文、会议论文。

（6）外文文献类型：Article。

（二）中文文献研究分析

采用上述中文检索式和检索范围，从中国知网数据库检出文献 2431 篇，相关研究中文年度发文趋势、研究主题分布、主要来源分布、主要发文作者和主要发文机构分布（来源、作者和机构按发文数量多少排序取前十名）等数据分析信息见图6-9 至图6-13。

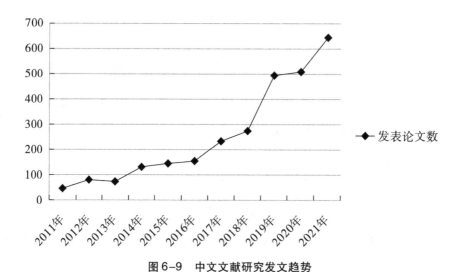

图6-9　中文文献研究发文趋势

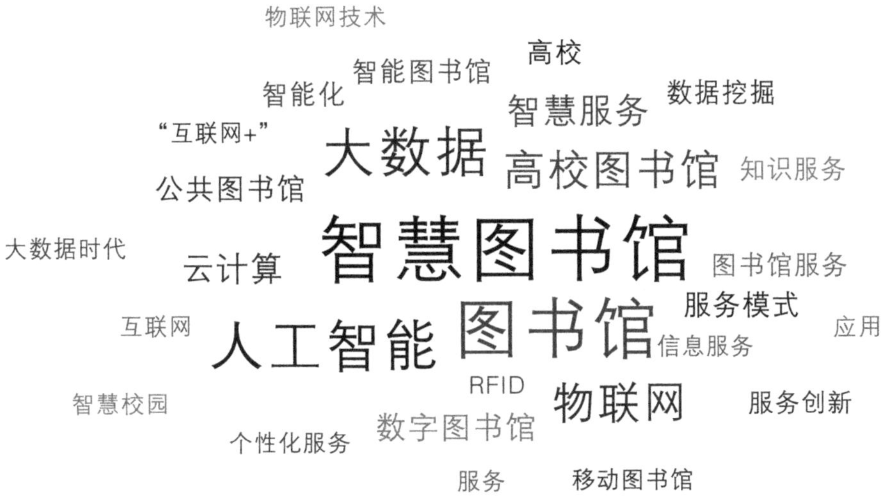

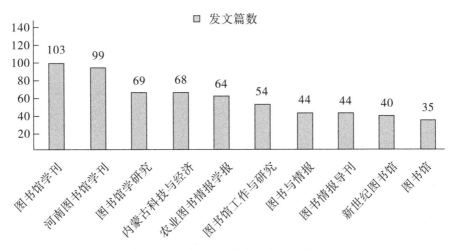

物联网技术

智能图书馆　高校

智能化　　　　　　智慧服务　数据挖掘

"互联网+"　大数据　高校图书馆　知识服务

公共图书馆

大数据时代　云计算　智慧图书馆　图书馆服务

互联网　人工智能　图书馆　服务模式　应用

智慧校园　　　　　　RFID　信息服务

个性化服务　数字图书馆　物联网　服务创新

服务　移动图书馆

图6-10　中文文献研究主题分布

□ 发文篇数

期刊	发文篇数
图书馆学刊	103
河南图书馆学刊	99
图书馆学研究	69
内蒙古科技与经济	68
农业图书情报学报	64
图书馆工作与研究	54
图书与情报	44
图书情报导刊	44
新世纪图书馆	40
图书馆	35

图6-11　中文文献主要来源期刊分布

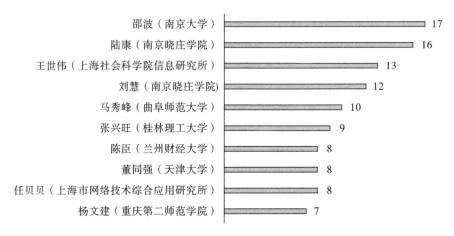

图6-12　中文文献主要发文作者分布

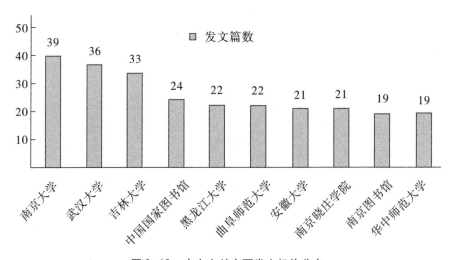

图6-13　中文文献主要发文机构分布

　　从图6-9至图6-13可以看出,近十年的文献中,"智慧图书馆"相关研究文献数量处于增长上升趋势。与选题关联度较高的热点主题有:大数据、人工智能、智慧服务、物联网、互联网+、RFID、个性化服务、数字图书馆等。主要来源期刊前十名中半数是图书馆学科专业核心期刊,南京大学的邵波在相关发文数量中位居榜首,南京大学、武汉大学、吉林大学的发文数量位居研究机构前三名。

上述数据分析,在用户在进行相关研究时,对国内文献收集、成果发表以及合作单位和合作作者的选择,都有一定的参考作用。

(三)外文文献研究分析

采用上述英文检索式和检索范围,从 SSCI 数据库平台检索出文献 135 篇,其中 102 篇文献有被引用,被引频次总计 849,篇均引用次数 6.29,h 指数为 15。对其进行外文文献的主要发文机构、主要来源出版物数据的可视化分析(发文机构、主要来源出版物均按照发文量多少排序取前五名),见图 6-14、图 6-15。运用 InCites 分析平台,选取 2011 年 1 月 1 日至 2021 年 9 月 30 日的数据,对主要来源出版物进行期刊影响力分析,见表 6-5。

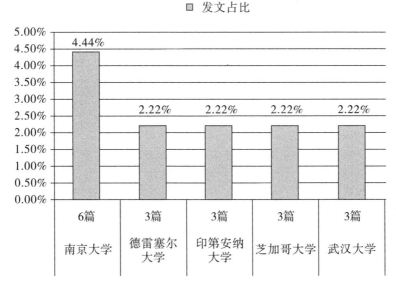

图 6-14　外文文献主要发文机构分布

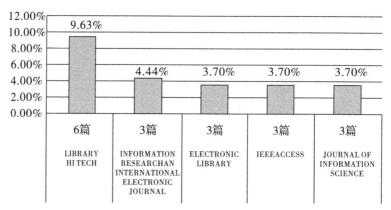

图6-15　外文文献主要来源期刊分布

表6-5　外文文献主要来源出版物期刊影响力情况

期刊名称	被引用过的论文数百分比	学科规范化的引文影响力	期刊规范化的引文影响力	国际合作百分比	立即指数	引文影响力	期刊影响因子分区
LIBRARY HI TECH	73.91%	0.63	0.88	17.50%	0.843	5.12	Q2
INFORMATION RESEARCH-AN INTERNATIONAL ELECTRONIC JOURNAL	46.82%	1.85	0.668	12.74%	0.197	2.457	Q4
ELECTRONIC LIBRARY	62.25%	1.45	0.72	10.80%	0.306	4.21	Q3
IEEE ACCESS	69.13%	0.92	0.888	29.02%	0.651	5.98	Q2
JOURNAL OF INFORMATION SCIENCE	79.10%	0.92	0.908	20.89%	0.746	9.17	Q2

　　图6-14主要对外文文献主要发文机构进行了统计分析,从中可以找出科研生产力较强的科研机构,寻求科研合作机会。

　　图6-15和表6-5对外文文献主要来源期刊进行了统计分析,通过发文数

量、期刊论文被引百分比、引文影响力、学科规范化的引文影响力、期刊规范化的引文影响力、立即指数、期刊分区等多个指标来衡量期刊的质量。例如,在用于分析的五个主要来源期刊中,"*JOURNAL OF INFORMATION SCIENCE*"的被引用过的论文数百分比最高,引文影响力最大,立即指数也处于高位,表明此刊的发文紧跟研究前沿和热点,引起的关注度较高。"*INFORMATION RESEARCH-AN INTERNATIONAL ELECTRONIC JOURNAL*"和"*ELECTRONIC LIBRARY*"的学科规范化的引文影响力均大于1,说明这两种期刊的论文被引表现高于世界平均水平,论文的影响面大,学术辐射范围广泛。对主要来源期刊的科研影响力进行分析,便于科研过程中专业文献的收集,并且根据期刊发文特点选择适合的期刊进行投稿和发表,以扩大研究成果的科研影响力。

　　以上只是对用户在科研工作开始的选题阶段,利用常用数据库资源和常用可视化分析工具进行的简单文献检索结果数据分析案例展示。在科研工作过程中,用户会随着研究的深入不断提出新的信息需求,可视化分析工具的优势在面对日益增加的复杂数据的处理分析方面会体现得更加充分,成为深层次学科服务的技术助力。

参考文献

(一)图书

[1]赫拉利.人类简史:从动物到上帝[M].林俊宏,译.北京:中信出版社,2017.

[2]邵志芳,刘铎.认知心理学[M].北京:开明出版社,2012.

[3]多明戈斯.终及算法:机器学习和人工智能如何重塑世界[M].黄芳萍,译. 北京:中信出版社,2017.

[4]西蒙.认知:人行为背后的思维与智能[M].荆其诚,张厚粲,译.北京:中国 人民大学出版社,2020.

[5]夏皮罗.具身认知[M].李恒威,董达,译.北京:华夏出版社,2014.

[6]皮亚杰,英海尔德.儿童心理学[M].吴福元,译.北京:商务印书馆,1980.

[7]洛克.人类理解论[M].关文运,译.北京:商务印书馆,1959.

[8]艾森克,基恩.认知心理学:第4版[M].高定国,肖晓云,译.上海:华东师范 大学出版社,2003:79.

[9]郭晶.图书馆学科化服务研究与进展[M].上海:上海交通大学出版社, 2013.

[10]马斯洛.动机与人格[M].许金声,等译.北京:中国人民大学出版社,2012.

(二)期刊

[1]李其维."认知革命"与"第二代认知科学"刍议[J].心理学报,2008,40 (12):1306-1327.

[2]王申连,郭本禹.认知心理学的伟大开拓者:乌尔里克·奈塞尔[J].自然辩 证法通讯,2013,35(2):104-111.

[3]NIEDENTHAL P M,BARSALOU L W,WINKIELMAN P,et al. Embodiment in attitudes,social perception,and emotion[J]. Personality and Social Psychology Review,2005,9(3):184-211.

[4]BARSALOU L W. Grounded cognition[J]. Annual Review of Psychology,2008,

59:617-645.

[5]刘亚,王振宏,孔风.情绪具身观:情绪研究的新视角[J].心理科学进展,2011,19(1):50-59.

[6]蒋永福,刘敬茹.认知图式与信息接受[J].图书馆建设,1999(3):2-3.

[7]李亚梅.基于用户认知的学科服务可视化研究[J].图书馆学研究,2015(6):72-75,52.

[8]汪冰.试析情报科学研究的若干重点与发展方向[J].情报科学,1998,16(4):295-304.

[9]HJØRLAND B. Domain analysis in information science:eleven approaches-traditional as well as innovative[J]. Journal of Documentation,2002,58(4):422-462.

[10]徐峰,冷伏海.认知计算及其对情报科学的影响[J].情报杂志,2009,28(6):20-23,19.

[11]刘伟超,周军.认知情报学研究进展[J].情报资料工作,2020,41(6):36-45.

[12]CACIOPPO J T,PETTY R E,KAO C F. The efficient assessment of need for cognition[J].Journal of Personality Assessment,1984,48(3):306-307.

[13]师宏睿.贝尔金与德尔文情报认知观评述[J].图书与情报,2003(5):12-14.

[14]肖勇.21世纪的情报学研究趋势(一)[J].图书情报工作,2002(2):38-47,59.

[15]WILSON T D. Human information behavior[J]. Informing Science,2000,3(2):49-55.

[16]SARACEVIC T. Processes and problems in information consolidation[J].Information Processing & Management,1986,22(1):45-60.

[17]马海群,杨志和.身心语言程式视阈下的信息检索用户认知模型研究[J].中国图书馆学报,2011,37(3):38-47,99.

[18] 陆伟,万维雅.基于认知观点的信息检索交互模型[J].中国图书馆学报,2005,(2):54-57.

[19] 何晓兵,容金凤.基于层次目标分解法构建的认知信息检索模型[J].情报理论与实践,2014,37(2):14-18.

[20] 王林廷.高校图书馆建立学科馆员制度论略[J].情报资料工作,2004(2):53-56.

[21] 李洪莲.高校图书馆学科化服务的现状调研与分析[J].图书馆学刊,2013(8):103-106.

[22] 孙瑞英,蒋永福.基于用户认知心理过程规律的信息服务研究[J].图书馆建设,2014(2):78-82.

[23] 胡磊.论信息服务交互的用户信息行为理论基础[J].情报理论与实践,2010,33(3):46-49.

[24] 赵洪林.图书馆学科化服务评价与反馈机制[J].图书馆学刊,2013(3):84-87.

[25] 张晓林.走向知识服务:寻找新世纪图书情报工作的生长点[J].中国图书馆学报,2000(5):32-37.

[26] 杨俊丽."互联网+"背景下图书馆学科化服务的协同创新[J].现代情报,2017,37(2):89-92.

[27] ANTELL K. The Citation Landscape of Scholarly Literature in LGBT Studies:A Snapshot for Subject Librarians[J]. College & Research Libraries,2012,73(6):584-602.

[28] 张晓林.实现开放获取 支撑科技创新:有关国家和机构支持科技期刊开放出版的政策与措施[J].战略与决策研究,2013,28(3):378-385.

[29] 杜春光,陈伟.美国伊利诺伊州学术与研究图书馆联盟:CARLI 研究与启示[J].图书馆学研究,2011(18):84-87.

[30] 王刘艳.Borrow Direct:为馆际互借提速[J].图书馆杂志,2005,24(8):19-22.

[31]杜定友.图书馆怎样更好地为科学研究服务[J].图书馆学通讯,1957(2):
    49-51.

[32]万文娟."985 工程"大学图书馆学科服务实践及不足分析[J].图书馆学
    研究,2012(3):82-87.

[33]陆莉."211 工程"高校图书馆学科服务现状调查与分析[J].图书馆学研
    究,2013(4):59-63.

[34]初景利.试论新一代学科馆员的角色定位[J].图书馆理论与实践,2007
    (3):1-3.

[35]初景利,张冬荣.第二代学科馆员与学科化服务[J].图书情报工作,2008,
    52(2):6-10,68.

[36]初景利.学科馆员对嵌入式学科服务的认知与解析[J]图书情报研究,
    2012,5(3):1-8,33.

[37]邵敏.清华大学图书馆学科服务架构与学科馆员队伍建设[J].图书情报工
    作,2008,52(2):11-14.

[38]范爱红,SCHMIDLE D J.学科服务发展趋势与学科馆员新角色:康奈尔范
    例研究[J].图书情报工作,2012,56(5):15-20.

[39]夏桢.Lib 2.0 环境下基于学科服务的信息共享空间构建与实证研究[J].
    图书与情报,2013(5):107-111.

[40]汪洋,苏建华.Lib 2.0 理念和技术在图书馆数字参考咨询工作中的应用
    [J].现代情报,2008(11):33-34,38.

[41]杨丽萍,蒋欣,王俊.运用 LibGuides 提升图书馆服务:西交利物浦大学案例
    分析[J].新世纪图书馆,2015(1):26-30.

[42]吴慧群.基于 LibGuides 的高校图书馆特色数字馆藏建设[J].农业图书情
    报学刊,2015,27(12):39-42.

[43]杨莉萍.高校图书馆学科服务模式的新亮点:Living Library[J].情报探索,
    2011(9):30-33.

[44]杨俊丽.高校图书馆学科服务的顶层设计研究[J].现代情报,2016,36

（4）:48−51.

[45]邵曾婷,王译晗,叶钰铭,等.从开放获取到开放科学:开放获取周的主题、内容演变与启示[J].图书情报工作,2020,64（14）:13−25.

[46]张东华.高校图书馆学科服务模式调查分析[J].农业图书情报学刊,2016,28（2）:163−166.

[47]陈成鑫,初景利.国外新一代用户网络信息行为研究进展[J].图书馆论坛,2010,30（6）:71−75.

[48]李亚梅.基于认知心理的高校"网络一代"信息行为调查研究[J].图书馆理论与实践,2016（12）:88−91.

[49]吴迪.习惯领域理论与企业知识结构分析[J].科研管理,2004,25（4）:33−36,32.

[50]乐国安.图式理论对社会心理学研究的影响[J].江西师范大学学报（哲学社会科学版）,2004,37（1）:19−25.

[51]赵晏强,周伯柱.学科馆员3.0及其服务体系构建[J].图书馆学研究,2021（14）:79−86.

[52]郝慧.国内外高校图书馆学科馆员服务现状之比较[J].现代情报,2011,31（4）:155−158.

[53]杨思洛,韩瑞珍.国外知识图谱绘制的方法与工具分析[J].图书情报知识,2012（6）:101−109.

[54]李文兰,杨祖国.中国情报学期刊论文关键词词频分析[J].情报科学,2005,23（1）:68−70,143.

[55]王译晗,叶钰铭.近10年国内外开放科学研究述评[J].农业图书情报学报,2021,33（10）:20−35.

[56]李媛,刘舒悦,王卓,等.2008—2018年中国中医科学院硕博士学位论文研究热点可视化分析[J].国际中医中药杂志,2021,43（10）:1029−1034.

[57]杨善林,吕鹏辉,李晶晶.大科学时代下的科研合作网络[J].西安交通大学学报（社会科学版）,2016,36（5）:94−100.

[58]张琳,孙蓓蓓,黄颖.跨学科合作模式下的交叉科学测度研究:以 ESI 社会科学领域高被引学者为例[J].情报学报,2018,37(3):231-242.

[59]付佳佳,黄敏.高校图书馆学科化服务团队建设模式探析[J].图书馆杂志,2011,30(12):45-47.

[60]梁晓贺,周爱莲.专业图书馆学科化服务团队建设模式探索[J].农业图书情报学刊,2015,27(11):189-192.

[61]蔚海燕,卫军朝.研究型图书馆学科服务的转变:从学科馆员到学科服务平台[J].大学图书馆学报,2013(6):74-81.

[62]朱明.高校图书馆管理制度有效性的理论构建:基于扎根理论的探索性研究[J].图书情报知识,2016(1):42-50.

[63]冯务中.制度有效性理论论纲[J].理论与改革,2005(5):15-19.

[64]沈洋.高校图书馆学科服务制度体系建设研究:基于我国 39 所 985 高校的调查[J].现代情报,2017,37(5):121-124,131.

[65]吴玉玲.高校图书馆学科服务滞后原因分析及改进措施[J].新世纪图书馆,2017(1):40-45.

[66]李亚梅.现代图书馆服务质量评价体系构建研究[J].图书馆,2010(4):41-42,76.

[67]SHETH J N,NEWMAN B I,GROSS B L. Why We Buy What We Buy:A Theory of Consumption Values[J]. Journal of Business Research,1991,22(2):159-170.

[68]赵闯.基于用户感知价值的高校图书馆学科服务评价研究[J].图书馆学研究,2014(18):98-101.

[69]高飞.认识信念对高校大一本科生信息查询行为的影响研究[J].大学图书情报学刊,2017,35(2):40-45.

[70]初景利.嵌入式图书馆服务的理论突破[J].大学图书馆学报,2013(6):5-9.

[71]朱丹,王静.高校图书馆嵌入式学科服务研究[J].河北经贸大学学报(综

合版),2012,12(4):86-88.

[72]杨广锋,郭翠英.学科馆员认知模式评析[J].情报资料工作,2009(3):61-63.

[73]王燕海,盛春蕾,范广兵.科研用户对研究所图书馆学科化服务的认知度分析[J].现代情报,2008(12):165-166,169.

[74]郑德俊,王敏,李杨,等.高校图书馆学科服务平台用户参与行为研究:以LibGuides 为例[J].国家图书馆学刊,2020,29(2):89-101.

[75]竺海康,赵继海.高校图书馆合并模式的实践与思考[J].大学图书馆学报,2001,S1:43-46.

[76]陈传夫,钱鸥,代钰珠.大数据时代的数字图书馆建设研究[J].图书情报工作,2014,58(7):40-45.

[77]赵功群,都平平.高校学科馆员能力素质模型构建研究[J].图书馆研究,2015,45(3):99-103.

[78]陆颖,张雅婷,胡佳琪.基于文献数据与科学数据融合的学科服务用户分析与发展建议[J].图书馆学研究,2021(7):75-82.

[79]席勒尔.为认知科学撰写历史[J].仕琦,译.国际社会科学杂志(中文版),1989,6(1):7.

[80]ENDSLEY M R. Toward a theory of situation awareness in dynamic systems [J]. Human Factors,1995,37(1):36.

(三)学位论文

[1]贺颖.情报学的认知视角分析[D].天津:天津师范大学,2002.

[2]叶方倩.认知建构视角下的交互式信息检索模型研究[D].武汉:武汉大学,2018.

[3]苏靖靖.高校学科馆员信息服务及其评价研究[D].湘潭:湘潭大学,2013.

[4]沈洋.985 高校图书馆学科服务的调查与分析[D].合肥:安徽大学,2016.

[5]王敏.学科服务平台用户参与机制研究[D].南京:南京农业大学,2018.

[6]武超.高校图书馆知识服务及其能力提升研究[D].太原:山西大学,2016.

后　记

在我看来,要表述自己在工作中的研究和感悟,与他人交流自己的学术思想,可以选择写文章、做讲座、教授课程、出版著作等方式。工作多年,文章发表过,也做过专题讲座,给本科生、研究生教授过信息检索课,也合作出版过图书。但是看到自己第一本独著的图书出版,仍然很是激动。

在学科服务过程中,我接触到众多在学术上具有突出贡献的科研工作者,他们一致反映,在科学研究的道路上,大量且丰富的信息资料是科研的知识储备,学科服务对科研项目起到了重要的辅助作用。需要注重加强的是,学科馆员和服务团队与学科用户、学科团队的紧密交互与对接,随时关注服务过程中信息的交流和感知,共同培养服务双方的专业智慧和协作能力。

用户的需求是学科服务的动力,同时还要看到,先进的科学技术对学科服务带来的积极影响。可视化技术手段在揭示学科属性、表现学科发展动态和趋势、分析学术研究、激发信息用户潜在需求、更新用户认知结构方面有着显著的作用,丰富了学科服务产品的展现形式,创新了学科服务的方法。

希望学科服务工作更上一层楼。与奋斗在学科服务工作中的同人们共勉!

2022 年春写于郑州